AF542430

VENUS DANS LE CLOITRE, OU LA RELIGIEUSE EN CHEMISE.

NOUVELLE EDITION,

Enrichie de Figures gravées en Taille-Douce.

A PEKIN,

Chez H. V. ROOSEN,

MDCCLXXIV.

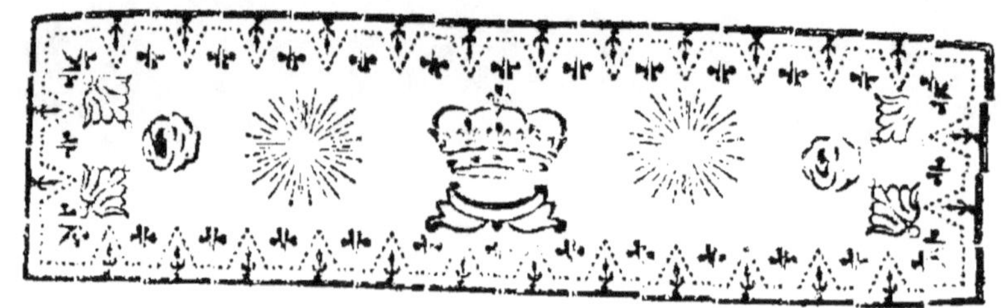

A MADAME D. L. R. TRES-DIGNE ABBESSE DE BEAU-LIEU.

MADAME,

COmme il me ſeroit difficile de ne pas exécuter ce que vous me témoignez deſirer, je n'ai aucunement délibéré ſur la priere que vous m'avez faite, de réduire au plûtôt par écrit les doux entretiens, où vôtre Communauté a eu ſi bonne part. Je m'emgageai trop ſolemnellement à cette galante entrepriſe, pour vouloir m'en défendre à préſent, & pour m'excuſer de ce travail, ſur la difficulté qu'il y a, de rendre à la voix & aux actions le beau feu, dont elles ont été animées. Je ne ſai, ſi j'aurai bien rempli mes devoirs & vos eſpérances; l'exercice de deux ou trois matinées vous en découvrira la vérité ; & vous fera connoître que si je n'ai pas beaucoup d'éloquence, j'ai pour le moins assez de mémoire, pour rapporter avec fidélité la plus grande partie des choses passées. Je me suis tellement proposé vôtre satisfaction dans cet Ouvrage, que j'ai passé indifféremment sur toutes les raisons qui sembloient devoir m'en éloigner ; la crainte seule qu'il ne tombât en d'autres mains que les vôtres, m'a fait un peu différer à vous l'envoyer, & j'en ſerois moi-même le porteur, ſi mes affaires préſentes me le permettoient, plûtôt que de confier au hazard de la Poſte, ou d'un Meſſager un paquet de cette conſéquence. Car de bonne foi, quelle confuſion pour vous & pour moi, ſi des conférences ſi ſecrettes alloient devenir publiques? & ſi des actions qui ne ſont point blâmées, que parce qu'elles ne ſont pas connuës, alloient faire un nouveau ſujet de Critique, & fournir des armes à tous ceux qui voudroient nous attaquer? Quelle posture & quelle contenance pourroit tenir nôtre belle Religieuse, si le malheur l'exposoit en chemise à la vuë de tous les curieux? que d'opprobre! que de honte! que d'embarras! Toutes ces considérations sont fortes, mais vous avez voulu être obéïe, & vous avez traité de réflexions légéres & timides, des raisons solides & assurées.

Quoi qu'il arrive, je m'en lave

les mains, & pour quitter un peu le ſérieux, je vous dirai qu'il n'y a rien à apprehender pour Sœur Agnés, quand même le mauvais deſtin ſe mêleroit de la conduite de tout ceci, puiſque la peinture que j'en fais dans mes Ecrits, ne la repréſente que dans une très-exacte obſervance de tous ſes vœux. Car en effet pour commencer par la PAUVRETE'; peut-on être dans un plus grand détachement des biens de ce monde, que de s'en dépouïller volontairement jusques à la CHEMISE? peut-on dans ses paroles & dans ses actions faire paroître la beauté de la CHASTETE' avec plus d'éclat, qu'en se proposant pour regle la NATURE TOUTE PURE? Enfin si l'on veut faire preuve de son OBE'ISSANCE sans exception, l'on connoîtra qu'elle aura autant de docilité, que pas une de vos Novices.

Voilà, Madame, une longue lettre pour un petit Ouvrage, & une grande Porte pour une pauvre Maison: il n'importe, j'ai mieux aimé pécher contre quelques regles, que de me gêner en vous écrivant. Faites part à vos plus intimes & aux miennes, de ce que vous jugerez à propos qu'elles ſachent, & croyez que je ſuis ſans reſerve,

MADAME,

Vôtre très-obéïſſant & très-affectionné Serviteur,

l'Abbé DU PRAT.

VENUS DANS LE CLOITRE, OU LA RELIGIEUSE EN CHEMISE.

PREMIER ENTRETIEN.

Sœur *Agnés*. Sœur *Angelique*.

Agnés. AH Dieu! Sœur Angelique, n'entrez pas dans ma Chambre, je ne suis pas visible à présent; faut-il ainsi surprendre les personnes dans l'état où je suis? Je croyois avoir bien fermé la porte.

Angelique. Eh bien, tout doucement, qu'as-tu à t'allarmer ? le grand mal de t'avoir trouvée en changeant de chemise, ou faisant autre chose de mieux; les bonnes amies ne se doivent aucunement cacher les unes aux autres. Assis-toi sur ta couche comme tu étois, je vais fermer la porte sur nous.

Agnés. Je vous assure, ma Sœur, que je mourois de confusion, si une autre que vous m'avoit ainsi surprise; mais je suis certaine, que vous avez beaucoup d'affection pour moi, c'est pourquoi je n'ai pas sujet de rien craindre de vous, quelque chose que vous eussiez pû voir.

Angelique Tu as raison, mon enfant, de parler de la sorte, & quand je n'aurois pas pour toi, toute la tendresse qu'un cœur peut ressentir, tu devrois toûjours avoir l'esprit en repos de ce côté-là. Il y a sept ans que je suis Religieuse, & je suis entrée dans le Cloitre à treize, & je puis dire, que je ne me suis point encore faite d'ennemie par ma mauvaise conduite; ayant toûjours eu la médisance en horreur, & ne faiſant rien plus au gré de mon cœur, que lorſque je rends ſervice à quelques unes de la Communauté. C'eſt cette maniére d'agir qui m'a procuré l'affection de la plûpart, & qui m'a ſur-tout aſſuré celle de nôtre Supérieure, qui ne m'eſt pas d'un petit uſage dans l'occaſion.

Agnés. Je le ſai, & je me ſuis ſouvent étonnée, comment vous aviez pû faire pour vous ménager celles-mêmes qui ſont d'un parti différent : il faut ſans doute avoir autant d'adreſſe & d'eſprit que vous, pour engager de telles perſonnes.. Pour moi je n'ai jamais pû me gêner dans mes affections, ni travailler à avoir pour amies celles qui naturellement m'étoient indifférentes ; c'eſt là le foible de mon génie, qui eſt ennemi de la contrainte, & qui veut en tout agir librement.

Angelique. Il eſt vrai qu'il eſt bien doux de ſe laiſſer conduire à cette nature pure & innocente, en ſuivant uniquement les inclinations qu'elle nous donne ; meis l'honneur, & l'ambition qui ſont venus troubler le repos des

Cloîtres, obligent celles qui y sont entrées à se partager, & à faire souvent par prudence ce qu'elles ne peuvent faire par inclination.

Agnés. C'est-à-dire qu'une infinité qui croyent être Maîtresses de votre cœur, n'en possédent seulement que la peinture, & que toutes vos protestations les assurent souvent d'un bien, dont elles ne jouïssent pas en effet. Je craindrois fort, je vous l'avouë, d'être de ce nombre, & d'être une victime de vôtre politique.

Angelique. Ah, ma chere, tu me fais une injure, la dissimulation n'a point de part à des amitiés aussi fortes que la nôtre. Je suis toute à toi, & quand la nature m'auroit fait naître d'un même sang, elle ne m'auroit pû donner des sentimens plus tendres que ceux que je ressens. Permets que je t'embrasse, afin que nos cœurs se parlent l'un à l'autre, au milieu de nos baisers.

Agnés. Ah Dieu, comme tu me serres entre tes bras! Songes-tu que je suis nuë en chemise? Ah tu me mets toute en feu.

Angelique. Ah que ce vermeil dont

tu es à présent animée, augmente l'éclat de ta beauté ! Ah que ce feu qui brille maintenant dans tes yeux te rend aimable ! faut-il qu'une fille aussi accomplie que toi soit si retirée comme tu es ! Non, non, mon enfant, je te veux faire part de mes plus secretes habitudes & te donner une idée parfaite de la conduite d'une sage Religieuse. Je ne parle pas de cette sagesse austère & scrupuleuse, qui ne se nourrit que de jeûnes, & ne se couvre que de Haires & de Cilices ; il en est une autre moins farouche, que toutes les personnes éclairées font profession de suivre, & qui n'a pas peu de rapport avec ton naturel amoureux.

Agnés. Moi d'un naturel amoureux ! il faut certes que ma phisionomie soit bien trompeuse, ou que vous n'en sachiez pas parfaitement les règles. Il n'y a rien qui me touche moins que cette passion, & depuis trois ans que je suis en Religion, elle ne m'a pas donné la moindre inquietude.

Angelique. J'en doute fort ; & je crois que si tu voulois en parler avec plus de sincérité, tu m'avouerois que je n'ai rien dit que de véritable. Quoi ? une fille de seize ans, d'un esprit aussi vif & d'un corps aussi bien forme que le tien, seroit froide & insensible ? Non je ne puis me le persuader, toutes tes démarches les plus négligées m'ont assuré du contraire, & ce *je ne sai quoi* que j'ai apperçu au travers de la serrure de ta porte, avant que d'entrer, me fait connoître que tu es une dissimulée.

Agnés. Ah Dieu je suis perdue !

Angelique. Certes tu n'es pas raisonnable : dis-moi un peu ce que tu peux apprehender de moi, & si tu as sujet de craindre une amie. Je ne t'ai dit cela que dans le dessein de te faire bien d'autres confidences de mon côté : vraiment ce sont-là de belles bagatelles, les plus scrupuleuses les mettent en usage, & cela s'appelle en termes claustraux *l'Amusement des jeunes, & le passe-tems des vieilles*.

Agnés. Mais encore qu'avez-vous donc apperçu ?

Angelique. Tu me fatigues par tes manières : sais-tu bien que l'amour bannit toute crainte, & que si nous voulons vivre toutes deux dans une intelligence aussi parfaite que je le desire, tu ne me dois rien celer, & je ne dois rien avoir de caché pour toi. Baise moi, mon cœur! Dans l'état où tu es une dicipline seroit de bon usage pour te châtier du peu de retour que tu as pour l'amitié qu'on te marque. Ah Dieu que tu as d'embonpoint; & que tu es d'une taille bien proportionnée! Souffre que....

Agnès. Ah de grace laissez-moi en repos, je ne puis revenir de ma surprise, car de bonne foi qu'avez-vous vû.

Angélique. Ne le sais tu pas bien sotte, ce que je puis avoir vû? Je t'ai vûë dans une action où je te servirai moi-même si tu veux, ou ma main te fera à présent l'office que la tienne rendoit tantôt charitablement à une autre partie de ton corps? Voilà le grand crime que j'ai découvert, que Madame l'Abbesse D. L. R. pratique, comme elle dit, dans ses divertissemens les plus innocens, que la Prieure ne rejette point, & que la Maîtresse des Novices appelle *l'Intermission extatique.* Tu n'aurois pas crû que de ſi ſaintes Ames euſſent été capables de s'occuper à des exercices ſi profanes. Leur mine & leurs dehors t'ont deçûe, & cet extérieur de ſainteté dont elles ſavent ſi bien ſe parer dans l'occaſion, t'a fait penſer qu'elles vivoient dans leurs corps comme ſi elles n'étoient compoſées que du ſeul eſprit. Ah, mon enfant, que je t'inſtruirai de quantité de choſes que tu ignores; ſi tu veux avoir un peu de confiance en moi, & ſi tu me fais connoître la diſpoſition d'eſprit & de conſcience, où tu es à préſent : après quoi je veux que tu ſois mon Confeſſeur, je ſerai ta pénitente, & je proteſte que tu verras mon cœur auſſi à découvert, que ſi tu en reſſentois toi-même les plus purs mouvemens.

Agnés. Après tant de paroles je ne crois pas devoir douter de vôtre ſincérité, c'eſt pourquoi non ſeulement je vous apprendrai ce que vous ſouhaitez ſavoir de moi, mais même je veux me faire un ſenſible plaiſir de vous communiquer juſques à mes plus ſecretes penſées & actions. Ce ſera une confeſſion générale dont je ſai que vous n'avez pas deſſein de vous prévaloir, mais dont la confidence que je vous en ferai ne ſervira qu'à nous unir l'une & l'autre d'un lien plus étroit & indiſſoluble.

Angelique. C'eſt ſans doute ma plus chere, & tu remarqueras dans la ſuite qu'il n'y a rien de plus doux dans ce monde que d'avoir une véritable amie, qui puiſſe être la dépoſitaire de nos ſecrets, de nos penſées, & de nos afflictions mêmes. Ah que des ouvertures de cœur ſont ſoulageantes dans de ſemblables occaſions! parle donc, ma mignonne, je vais m'aſſeoir ſur ta couche près de toi, il n'eſt pas néceſſaire que tu t'habilles, la ſaiſon te permet de reſter comme tu es, il me ſemble que tu en es plus aimable, & que plus tu approches de l'état, où la nature t'a fait naître, tu en as plus de charmes & de beauté. Embraſſe-moi, ma chere *Agnés*, avant que de commencer, & confirme par tes baiſers les proteſtations mutuelles que nous nous ſommes données de nous aimer éternellement. Ah que ces baiſers ſont purs & innocens! Ah qu'ils ſont remplis de tendreſſe & de douceur! Ah qu'ils me comblent de plaiſirs ! un peu de tréve, mon petit cœur, je ſuis toute en feu, tu me mets aux abois par tes careſſes; ah Dieu que l'amour eſt puiſſant ! & que deviendrai-je, ſi de ſimples baiſers me tranſportent & m'animent ſi vivement ?

Agnés Ah qu'il eſt difficile de ſe contenir dans les bornes de ſon devoir, lors que nous lâchons tant ſoit peu la bride à cette paſſion ! le croiriez-vous, *Angelique*, ces badineries qui dans le fonds ne ſont rien, ont agi merveilleuſement ſur moi ? Ah, ah, ah, laiſſez-moi un peu reſpirer, il ſemble que mon cœur eſt trop reſſerré à préſent ! Ah que ces soûpirs me ſoulagent ! Je commence à reſſentir pour vous une affection nouvelle, & plus tendre & plus forte qu'auparavant; je ne ſais d'où cela provient, car de ſimples baiſers peuvent-ils cauſer tant de déſordre dans une ame ? Il eſt vrai que vous êtes bien artificieuſe dans vos careſſes, & que toutes vos manières ſont extraordinairement engageantes ; car vous m'avez tellement gagnée, que je ſuis maintenant plus à vous qu'à moi-même. Je crains même que dans l'excès de la satisfaction que j'ai goûtée, il ne se soit mêlé quelque chose, qui me donnât sujet de refléchir sur ma conscience, cela me fâcheroit bien; car quand il faut que je parle à mon Confesseur de ces sortes de matières je meurs de honte, & je ne sai par où m'y prendre. Ah Dieu, que nous sommes foibles, que nos efforts sont vains pour surmonter les moindres saillies & les plus légères attaques d'une nature corrompuë !

Angelique. Voici l'endroit, où je t'attendois, je sai que tu as toûjours été un peu scrupuleuse sur beaucoup de sujets, & qu'une certaine tendresse de conscience, ne t'a pas donné peu de peine. Voilà ce que c'est que de tomber entre les mains d'un Directeur mal appris & ignorant: pour moi, je te dirai que j'ai été instruite d'un savant homme, de quel air je devois me comporter pour vivre heureuse toute ma vie sans rien faire néanmoins qui pût choquer la vuë d'une Communauté réguliére ou qui fut directement opposé aux Commandemens de Dieu.

Agnés. Obligez-moi, Sœur *Angelique*, de me donner une idée parfaite de cette belle conduite; croyez que je ſuis entiérement diſpoſée à vous entendre, & à me laiſſer perſuader par vos raiſonnemens, lors que je ne pourrai les détruire par de plus forts. La promeſſe que je vous avois faite de me découvrir toute à vous, n'en ſera que mieux obſervée, parce qu'inſenſiblement dans mes réponſes qui partageront nôtre entretien, vous remarquerez ſur quel pied l'on m'a établie, & vous jugerez par l'aveu ſincere que je vous ferai de toute choſe, du bon ou du mauvais chemin que je ſuivrai.

Angelique. Mon enfant, tu vas peut-être être ſurpriſe des leçons que je te vais donner, & tu ſeras étonnée d'entendre une fille de dix-neuf à vingt ans faire la ſavante, & de la voir pénétrer dans les plus cachez ſecrets de la politique religieuſe. Ne croi pas, ma chere, qu'un eſprit de vaine gloire anime mes paroles, non, je ſai que j'étois encore moins éclairée que toi à ton âge, & que tout ce que j'ai appris a ſuccédé à une ignorance extrême ; mais il faut que je t'avouë aussi qu'il faudroit m'accuser de stupidité, si les soins que plusieurs grands hommes ont pris à me former, n'avoient été suivis d'aucun fruit ; & si l'intelligence qu'ils m'ont donnée de plusieurs langues, ne m'avoit fait faire quelque progrès par la lecture de bons livres.

Agnés. Ma chere *Angelique*, commencés je vous prie vos instructions, je languis dans l'impatience où je suis de vous entendre, vous n'avez jamais eu d'écoliére plus attentive que je le serai à tous vos discours.

Angelique. Comme nous ne sommes pas nées d'un sexe à faire des loix, nous devons obéir à celles que nous avons trouvées, & suivre comme des vérités connues, beaucoup de choses qui d'elles-mêmes ne passent chez plusieurs que pour opinions. Je prétens, mon enfant, te confirmer par là, dans les sentimens, où tu es, qu'il y a un Dieu juste & miséricordieux, qui demande nos hommages, & qui de la même bouche qu'il nous défend le mal, nous commande la pratique du bien. Mais comme tous ne conviennent pas de ce qui se doit appeller bien ou mal; & qu'une infinité d'actions, pour lesquelles on nous donne de l'horreur, sont reçues & approuvées chez nos voisins: je t'apprendrai en peu de paroles, ce qu'un Réverend Pere Jésuite qui a une affection particuliére pour moi, me disoit dans le tems qu'il tâchoit à m'ouvrir l'esprit, & à le rendre capable des spéculations présentes.

Comme tout votre bonheur, ma chere *Angelique*, (c'est ainsi qu'il me parloit) dépend d'une parfaite connoissance de l'état religieux que vous avez embrassé, je veux vous en faire une naïve peinture, & vous donner les moyens de vivre dans votre solitude, sans aucune inquiétude ou chagrin, qui proviennent de votre engagement. Pour procéder avec méthode dans l'instruction que je veus vous donner, vous devez remarquer que la Religion (j'entens par ce mot tous les Ordres monastiques) est composée de deux corps, dont l'un est purement celeste & surnaturel, & l'autre terrestre & corruptible, qui n'est que de l'invention des hommes; l'un est politique, & l'autre mistique par rapport à Jesus-Christ qui est l'unique Chef de la véritable Eglise. L'un est permanent, parce qu'il consiste dans la parole de Dieu qui est immuable & éternelle, & l'autre est sujet à une infinité de changemens, parce qu'il dépend de celle des hommes qui est finie & faillible. Cela supposé, il faut séparer ces deux corps, & en faire un juste discernement, pour savoir à quoi nous sommes véritablement obligés. Ce n'est pas une petite difficulté de les bien démêler. La politique comme la plus foible partie s'est tellement unie à l'autre qui est la plus forte, que tout est presque à présent confondu, & la voix des hommes confuse avec celle de Dieu. C'est de ce désordre que les illusions, les scrupules, les gênes, & les bourrellemens de conscience qui mettent souvent une pauvre ame au désespoir, ont pris naissance, & que ce joug qui doit être leger & facile à porter, est devenu par l'imposition des hommes, pésant, lourd, & insupportable à plusieurs.

Parmi de si épaisses ténébres, & une si visible altération de toutes choses, il faut s'attacher uniquement au gros de l'arbre, sans se mettre en peine d'embrasser ses branches, & ses rameaux. Il faut se contenter d'obéir aux préceptes du Souverain Legislateur, & tenir pour certain que toutes ces œuvres de surérogation, auxquelles la voix des hommes nous veut engager, ne doivent pas nous causer un moment d'inquiétude. Il faut en obéissant à ce Dieu, qui nous commande, regarder si sa volonté est écrite de ses propres doigts, si elle sort de la bouche de son Fils, ou si elle part seulement de celle du peuple. Tellement que Sœur *Angelique* peut, sans scrupule, allonger ses chaînes, embellir sa solitude, & donnant un air gay à toutes ses actions, s'apprivoiser avec le monde, elle peut, continua-t-il, se dispenser, autant que prudemment elle pourra faire de l'exécution de tout ce fatras de vœux & de promesses, qu'elle a fait indiscretement entre les mains des hommes; & rentrer dans les mêmes droits, où elle étoit devant son engagement, ne suivant que ces premiéres obligations.

Voilà, poursuivit-il, pour ce qui regarde la paix intérieure, car pour l'extérieur vous ne pouvez, sans pécher contre la prudence, vous dispenser de le donner aux loix, aux coûtumes, & aux mœurs, auxquels vous vous êtes assujettie, en entrant dans le Cloître. Vous devez même paroître zélée, & fervente dans les exercices les plus pénibles, si quelque intérêt de gloire, ou d'honneur dépend de ces occupations, vous pouvez parer votre chambre de haires, de cilices, & de rosettes, & par ce devot étalage mériter autant que celle qui indiscretement s'en déchirera le corps.

Agnés. Ah! que je suis ravie de t'entendre, l'extrême plaisir que j'y ai pris m'a empêché de t'interrompre, & cette liberté de conscience que tu commence à me rendre par ton discours, me décharge d'un nombre presque infini de peines qui me tourmentoient. Mais continue, je te prie, & m'apprens, quelle a été le dessein de la politique, dans l'établissement de tant d'Ordres, dont les Regles & les Constitutions sont si rigoureuses?

Angelique. On peut considérer dans la fondation de tous les Monastéres, deux Ouvriers, qui y ont travaillés, à savoir le Fondateur & la Politique. L'intention du premier, a souvent été pure, sainte, & éloignée de tous les desseins de l'autre. Et sans avoir d'autre vue que le salut des ames, il a proposé des Regles & des manieres de vivre, qu'il a crû nécessaires, ou tout au moins utiles à son avancement spirituel, & à celui de son prochain. C'est par là que les déserts se sont peuplés, & que les Cloîtres se sont bâtis; le zèle d'un seul en échauffoit plusieurs, & leur principale occupation étant de chanter continuellement les louanges du vrai Dieu, ils attiroient par ces pieux exercices des compagnies entières, qui s'unissoient à eux, & ne faisoient qu'un corps. Je parle en ceci, de ce qui s'est passé dans la ferveur des premiers siecles; car pour le reste il en faut raisonner autrement, & ne pas penser que cette innocence primitive, & ce beau caractere de dévotion se soient longtems conservez, & ayent fait le partage de ceux, que nous voyons à présent.

La Politique qui ne peut rien souffrir de défectueux dans un Etat, voyant l'accroissement de ces Reclus, leur désordre, & leur déréglement, a été obligée d'y mettre la main, elle en a banni plusieurs, & retranché des Constitutions des autres, ce qu'elle n'a pas crû nécessaire à l'intérêt commun. Elle auroit bien voulu se défaire entiérement de ces sangsuës, qui dans une oisiveté, & une fainéantise horrible, se nourrissoient du pauvre peuple; mais ce bouclier de la Religion dont ils se couvroient; & l'esprit du vulgaire dont ils s'étoient déja emparez, ont fait prendre un autre tour, pour que ces sortes de Compagnies ne fussent pas entiérement inutiles à la République.

La Politique a donc regardé toutes ces maisons comme des lieux communs, où elle se pourroit décharger de ses superfluités; elle s'en sert pour le soulagement des familles, que le grand nombre d'enfans rendroient pauvres & indigentes, s'ils n'avoient des endroits pour les retirer, & afin que leur retraite soit sans espérance de retour, elle a inventé les vœux, par lesquels elle prétend nous lier, & nous attacher indissolublement à l'état qu'elle nous fait embrasser : elle nous fait même renoncer aux droits que la nature nous a donnés, & nous séparent tellement du monde, que nous n'en faisons plus une partie. Tu conçois bien tout ceci.

Agnés. Oui, mais d'où vient que cette maudite politique, qui de libres nous rend esclaves, approuve davantage les Regles, qui n'ont rien que de rude & d'austere, que celles, qui sont moins rigoureuses ?

Angelique. En voici la raison. Elle regarde les Religieux & Religieuses comme des membres retranchez de son corps, & comme des parties séparées dont la vie ne lui semble en particulier utile à aucune chose, mais bien plutôt dommageable au public. Et comme ce seroit une action, qui paroîtroit inhumaine, que de s'en défaire ouvertement, elle se sert de stratagêmes, & sous prétexte de dévotion, elle engage ces pauvres victimes à s'égorger elles-mêmes, & à se charger de tant de jeûnes, de pénitences & de mortifications, qu'enfin ces innocentes ſuccombent, & font place par leur mort à d'autres, qui doivent être auſſi miſérables, ſi elles ne ſont pas éclairées. De cette maniére, un pere eſt ſouvent le boureau de ſes enfans, & ſans y penſer il les ſacrifie à la politique, lorſqu'il croit ne les offrir qu'à Dieu.

Agnés. Ah pitoyable effet d'un déteſtable gouvernement! Tu me donne la vie, ma chere *Angelique*, en me retirant par tes raiſons du grand chemin que je ſuivois; peu de perſonnes mettoient plus en uſage que moi toutes les mortifications les plus rudes: je me ſuis accablée de coups de diſcipline pour combattre ſouvent des mouvemens innocens de la nature, que mon Directeur faiſoit paſſer pour des déreglemens horribles. Ah faut-il que j'aye ainſi été dans l'abus! C'eſt ſans doute par cette cruelle maxime que les ordres mitigez ſont mépriſez, & que ceux qui n'ont rien que d'affreux, ſont louez & élevez juſques au Ciel. Oh Dieu! ſouffrez-vous qu'on abuſe ainſi de votre Nom, pour des exécutions si injustes, & permettrez-vous que des hommes vous contrefassent?

Angelique. Ah, mon enfant, que ces exclamations me font bien connoître qu'il te manque encore quelque lumiére, pour voir clair universeilement en toutes choses; demeurons-en là, ton esprit n'est pas capable pour le présent d'une spéculation plus délicate. *Aime Dieu & ton prochain*, & croi que toute la loi est renfermée dans ces deux commandemens.

Agnés. Quoi, *Angelique*, voudriez-vous me laisser quelque erreur?

Angelique. Non, mon cœur, tu seras pleinement instruite, & je te mettrai un livre entre les mains, qui achevera de te rendre savante, & où tu apprendras avec facilité, ce que je n'aurois pû t'expliquer qu'avec confusion.

Agnés. Cela suffit. Il faut que je vous avoue que j'ai trouvé cet endroit plaisant: *Que les Cloîtres sont les lieux communs, où la Politique se décharge de ses ordures!* Il me semble qu'on ne peut pas en parler d'une maniére plus basse & plus humiliante.

Ange-

Angelique. Il eſt vrai que l'expreſſion eſt un peu forte ; mais elle n'eſt gueres plus choquante que celle d'un autre qui diſoit, que *les Moines & Moineſſes étoient dans l'Egliſe ce que les Rats & les Souris étoient dans l'arche de Noé.*

Agnés. Vous avez raiſon, & j'admire la facilité que vous avez à vous énoncer, je ne voudrois pas pour tout ce que je puis avoir de plus cher, que l'occaſion de ma porte entr'ouverte n'eût donné lieu à nôtre entretien. Oui j'ai pénétré dans le ſens de toutes vos paroles.

Angelique. Eh bien, en feras-tu un bon uſage ? & ce beau corps qui n'eſt coupable d'aucun crime, ſera-t-il encore traité comme le plus infame ſcélerat qui ſoit au monde ?

Agnés. Non, je prétends lui tenir compte du mauvais tems que je lui ai fait paſſer, je lui en demande pardon, & en particulier d'une rude diſcipline, que je lui fis hier reſſentir par l'avis de mon Confeſſeur.

Angelique. Baiſe-moi, ma pauvre enfant, je ſuis plus touchée de ce que tu me dis, que ſi je l'avois éprouvée ſur moi-même, il faut que ce châtiment soit le dernier qui te fatigue : mais encore te fis-tu grand mal ?

Agnés. Helas ! mon zèle étoit indiscret, & je croyois que plus je frappois plus j'avois de mérite, mon embonpoint & ma jeunesse me rendoient sensible aux moindres coups ; tellement qu'à la fin de ce bel exercice, j'avois le derrière tout en feu : je ne sai même si je n'y avois point quelque blessure, parce que j'étois tout-à-fait transportée, lors que je l'outrageois si vivement.

Angelique. Il faut, ma mignonne, que j'en fasse la visite, & que je voye dequoi est capable une ferveur mal conduite ?

Agnés. Oh Dieu ! faut-il que je souffre cela ? c'est donc tout de bon que vous parlez, je ne puis l'endurer sans confusion ! Oh, oh !

Angelique. Et à quoi sert donc tout ce que je t'ai dit, si une sotte pudeur te retient encore ? quel mal y a-t-il à m'accorder ce que je te demande ?

Agnés. Il est vrai, j'ai tort, & votre curiosité n'est point blâmable ; satisfaites la, comme vous souhaitez.

Angelique. Oh ! le voilà donc à découvert ce beau visage toujours voilé ; met-toi à genoux sur ta couche, & baisse un peu la tête, afin que je remarque la violence de tes coups. Ah bonté divine, quelle bigarure ! Il me semble que je vois du taffetas de la chine, ou bien du rayé du tems passé ! Il faut avoir une grande dévotion au *Mystere de la Flagellation* pour enluminer ainsi ses fesses ?

Agnés. Eh bien, as-tu assez contemplé cet innocent outragé ? Oh Dieu ! comme tu le manie, laisse-le en repos, afin qu'il reprenne son premier teint, & qu'il se défasse de ce coloris étranger. Quoi, tu le baise ?

Angelique. Ne t'y oppose pas, mon enfant, j'ai l'ame du monde la plus compassive : & comme c'est une œuvre de miséricorde de consoler les affligez ; je crois, que je ne saurois leur faire trop de caresse pour dignement m'aquiter de ce devoir. Ah, que tu as cette partie bien formée ! & que la blancheur & l'embonpoint qui y paroissent, lui donnent d'éclat ! j'apperçois aussi un autre endroit, qui n'est pas moins bien partagé de la Nature, c'est *la Nature même.*

Agnés. Retire ta main, je te prie, de ce lieu, si tu ne veux y causer un incendie, qui ne pourroit pas s'éteindre facilement; il faut, que je t'avoue mon foible, je suis la fille la plus sensible, qui se puisse trouver, & ce qui ne causeroit pas à d'autres la moindre émotion, me met souvent en désordre.

Angelique. Quoi tu n'es donc pas si froide, comme tu voulois me persuader au commencement de notre conservation? & je crois, que tu feras aussi bien ton personnage, qu'aucune que je connoisse, quand je t'aurai mise entre les mains de cinq ou six bons Freres. Je souhaiterois pour ce sujet, que le tems de la retraite, où je vais entrer selon la coutume, pût se différer, afin de me trouver avec toi au Parloir. Mais n'importe, je m'en consolerai par le recit, que tu me feras de tout ce qui se sera passé; à savoir si *l'Abbé* aura mieux fait que *le Moine*, si le *Feüillant* l'aura emporté sur *le Jésuite* & enfin si toute *la Fraraille* t'aura pleinement satisfaite.

Agnés. Ah, que je me figure d'embarras dans ces ſortes d'entretiens, & qu'ils me trouveront Novice en fait d'amourettes !

Angelique. Ne te mets pas en peine, ils ſavent de la maniére, qu'il faut uſer avec tout le monde, & un quart d'heure avec eux, te rendra plus ſavante, que tous les préceptes, que tu pourrois recevoir de moi, dans une ſemaine; ça, couvre ton derriere, de crainte qu'il ne s'enrhûme : tien il aura encore ce baiſer de moi, & celui-ci & celui-là.

Agnés. Que tu es badine ! Crois-tu que j'aurois ſouffert ces ſottiſes, ſans que je ſus que rien n'y eſt offenſé.

Angelique. Si cela étoit, je pécherois donc à tout moment, car le ſoin, qu'on m'a donné des Ecoliéres, & des Penſionnaires, m'oblige à viſiter leur maiſon de derrière bien ſouvent. Encore hier je donnai le foüet à une plutôt pour ma ſatisfaction, que pour aucune faute qu'elle eut commiſe, je prenois un plaiſir ſingulier à la contempler, elle eſt fort jolie & a déjà treize ans.

Agnés. Je ſoûpire après cet emploi

de Maîtresse de l'Ecole, afin de prendre un semblable divertissement. Je suis frappée de cette fantaisie, & même je serois ravie de voir en toi ce que tu as consideré si attentivement dans ma personne.

Angelique. Hélas, mon enfant, la demande que tu me fais ne me surprend point, nous sommes toutes formées de même pâte. Tien je me mets dans ta posture, bon leve ma juppe & ma chemise le plus haut que tu pourras.

Agnés. J'ai grande envie de prendre ma discipline, & de faire en sorte, que ces deux Sœurs jumelles n'ayent rien à me reprocher.

Angelique. Ouf! ouf! ouf! comme tu y vas! Ces sortes de jeux ne me plaisent, que quand ils ne sont pas violens? tréve, tréve, si ta devotion t'alloit reprendre, je serois perdue: Oh Dieu! que tu as le bras flexible, j'ai dessein de t'associer dans mon office, mais il y faut un peu plus de modération.

Agnés. Voilà certes bien de quoi se plaindre, ce n'est pas là la dixiéme des coups, que j'ai reçûs, je te remets le reste à une autre fois; il faut accorder quelque chose à ton peu de courage. Sçais tu bien, que cet endroit en devient plus beau, un certain feu, qui l'anime, lui communique un vermillon plus pur, & plus brillant, que tout celui d'Espagne. Approche-toi un peu plus près de la fenêtre, afin que le jour m'en découvre toutes les beautés. Voilà, qui est bien. Je ne me lasserois jamais de le regarder, je vois tout ce que je souhaitois jusques à son voisinage; pourquoi couvres-tu cette partie de ta main?

Angelique. Hélas! tu peux la considérer aussi bien que le reste, s'il y a du mal à cette occupation, il n'est pas préjudiciable à personne, & ne trouble aucunement la tranquillité publique.

Agnés. Comment pourroit-il la troubler, puisque nous n'en faisons plus une partie, outre que les fautes cachées sont à demi pardonnées.

Angelique. Tu as raison, car si l'on pratiquoit dans le monde autant de crimes, pour parler conformément à nos Regles, comme il s'en commet dans les Cloîtres, la Police seroit obligée d'en corriger les abus, & couperoit le cours à tous ces désordres.

Agnés. Je croi aussi, que les peres & meres ne permettroient jamais l'entrée de nos Maisons à leurs enfans, s'ils en connoissoient le déreglement.

Angelique. Il n'en faut pas douter, mais comme la plûpart des fautes y sont secretes, & que la dissimulation y regne plus qu'en aucun endroit, tous ceux qui y demeurent n'en apperçoivent pas les défauts; mais servent eux-mêmes à engager les autres, outre que l'intérêt particulier des familles, l'emporte souvent sur beaucoup d'autres considérations.

Agnés. Les Confesseurs & les Directeurs des Cloîtres, ont un talent particulier, pour faire aller dans leurs filets, de pauvres innocentes, qui tombent dans un piege, en pensant trouver un tresor.

Angelique. Il est vrai, & je l'ai éprouvé en ma personne. Je n'avois aucun panchant pour la Religion, je combattois vivement les raisons de ceux, qui m'y portoient, & jamais je n'y serois entrée, si un Jésuite, qui pour lors gouvernoit ce Monaſtére, ne s'en étoit mê-lé; un intérêt de famille obligea ma mere, qui m'aimoit tendrement, & qui s'y étoit toujours opposée à y donner les mains. J'y réſiſtai longtems, parce que je ne prévoyois pas, que le Comte de la Roche, mon frère aîné, par le droit de Nobleſſe, & par les coutumes du pays, emportoit preſque tout le bien de la maiſon, & nous laiſſoit ſix, ſans autre appui que celui qu'il nous promettoit, qui ſelon ſon humeur devoit être peu de choſe. Enfin il ceda dix mille francs, à ce qu'il me dit, de ſes prétentions, auxquels quatre autres furent ajoutés, tellement que j'apportai quatorze mille livres pour ma dot, en faiſant profeſſion dans ce Couvent: Mais pour revenir à l'adreſſe de celui qui m'en débaucha, tu ſauras qu'on ſit en ſorte que je me rencontraſſe avec lui, une après dînée que j'étois allée rendre viſite à une de mes couſines qui étoit Religieuſe, & qui mouroit d'envie de me voir revêtue d'un habit ſemblable au ſien.

Agnés. N'étoit-ce pas Sœur Victoire?

Angelique. Oui. Nous étant donc

trouvés tous trois à un même Parloir, le Jésuite, Victoire & moi, nous commençames par les complimens & les civilités, dont on use dans les premieres entrevûes; elles furent suivies d'un discours de ce Loyoliste touchant les vanités du siècle, & la difficulté de faire son salut dans le monde, qui disposa beaucoup mon esprit à se laisser tromper: Ce n'étoient néanmoins que de légeres préparations, il avoit bien d'autres subtilités pour s'insinuer dans mon intérieur; & pour me faire entrer dans ses sentimens, il me disoit quelquefois, qu'il remarquoit dans ma phisionomie le véritable caractére d'une ame Religieuse, qu'il avoit un don particulier pour en faire un juste discernement, & que je ne pouvois, sans faire une injure à Dieu, (c'est ainsi qu'il parloit) consacrer au monde une beauté aussi parfaite que la mienne.

Agnès. Il ne s'y prenoit pas mal, que répondois-tu à tout cela?

Angelique. Je combattis d'abord ces premieres raisons, par d'autres que je lui opposois, qu'il détruisoit avec un artifice

artifice merveilleux; Victoire aidoit encore à me tromper, & me faisoit voir la Religion du côté qu'elle peut avoir quelque chose d'aimable, & me cachoit adroitement tout ce qui étoit capable de m'en rebuter. Enfin le Jésuite, qui, comme j'ai appris, avoit bien fait des conquêtes plus difficiles, fit ses derniers efforts pour s'assûrer de la mienne. Il y réussit par la peinture qu'il me fit du monde, & de la Religion, & me contraignit par la force de son éloquence, à embrasser étroitement son parti.

Agnés. Mais encore que dit-il qui fut capable d'exercer un pouvoir si absolu sur ton esprit ?

Angelique. Je ne puis te le rapporter dans son étenduë, car il me tint trois heures à la grille: tu sauras seulement, qu'il me prouva par des raisonnemens que je croyois forts, que c'étoit là ma vocation, dans laquelle seule je pouvois faire mon salut; qu'il n'y avoit point de sûreté pour moi, ni de chemin hors de-là; que le monde n'étoit rempli que d'écueils, & de précipices; que les excès des Religieux valoient mieux que la modération des Mondains, & que le repos & la contemplation des uns, étoit en même tems plus douce, & plus méritoire que l'action, & tout l'embarras des autres; que c'étoit dans les Cloîtres seuls, où l'on pouvoit traiter familièrement avec Dieu, & par conséquent, que pour se rendre digne d'une communication si sainte & si relevée, il falloit fuir la compagnie des hommes; que c'étoit dans ces lieux, que se conservoient les restes de l'ancienne ferveur des Chrétiens, & qu'on pouvoit voir l'image véritable de la primitive Eglise.

Agnés. On ne pouvoit pas parler avec plus d'éloquence, & tout ensemble avec plus d'artifice, car je remarque qu'il ne te dit pas un mot des rigueurs & des austerités qui pouvoient t'épouvanter.

Angelique. Tu te trompes, il n'oublia rien: Mais les peines & les mortifications, dont il me parla, furent assaisonnées de tant de douceur, que je ne les trouvai point de mauvais goût. Je ne veux rien vous cacher, (me disoit-il:)

Ces dévotes compagnies, dont j'espere que vous augmenterez le nombre, travaillent jour & nuit par leurs austérités & pénitences, à dompter l'orgueil & l'insolence de la nature; elles exercent sur leurs sens une violence qui dure toujours; sans mourir, leur ame est séparée de leur corps; & méprisant également la douleur & la volupté, elles vivent comme si elles n'étoient faites que du seul esprit. Ce n'est pas tout (poursuivit-il) d'un ton persuasif, elles font un sacrifice rigoureux de leur liberté; elles se dépouillent de tous leurs biens pour s'enrichir seulement d'espérances, & s'imposent par des vœux solemnels la nécessité d'une perpetuelle vertu.

Agnés. C'étoit un maître Orateur, que ce Disciple de Loyola, je souhaiterois le connoître?

Angelique. Tu le connois bien, & je t'apprendrai de petites particularités de sa vie, qui te feront croire, qu'il sait faire plus d'un personnage. Mais il faut que je t'acheve le reste. Voilà Mademoiselle, bien des chaînes de rigueurs & des mortifications, que je vous préſente ; mais le croiriez-vous, me dit-il, ces ſaintes ames, dont je vous parle préſentement, ſont glorieuſes de ce joug ; elles ſont vaines de cette ſervitude, & il ne s'offre point de rude peine à ſouffrir, qu'elles n'eſtiment une grande récompenſe ; elles ſont toutes leurs amours & leur paſſion du ſervice de Jéſus-Chriſt ; c'eſt lui ſeul qui les met toutes en feu, pour peu qu'il les touche, c'eſt lui qui eſt l'unique Maître de leur cœur, & qui ſait faire ſuccéder à leurs peines, des joies & des douceurs incroyables.

Agnés. Sans-doute tu fus charmée par ce beau diſcours.

Angelique. Oui, mon enfant, ce Charlatan me perſuada, ſes paroles me changerent en un moment, elles m'arracherent à moi-même, & me firent rechercher avec ardeur, ce que j'avois toujours fui avec conſtance. Je devins la plus ſcrupuleuſe du monde, & parce qu'il m'avoit dit, qu'hors du Cloître je ne pouvois faire mon ſalut, je m'imaginois devant que d'y être entrée, avoir tous les diables à mes côtés. Depuis ce tems, il a voulu lui-même me remettre dans le bon ſens, il m'a donné les connoiſſances, qui pouvoient me tirer des ténébres, où il m'avoit jettée, & c'eſt à ſa Morale, que je dois tout le repos & la quietude d'eſprit, que je poſſéde.

Agnés. Apprens-moi donc vîte, qui eſt ce perſonnage?

Angelique. C'eſt le Pere de Raucourt.

Agnés. Oh Dieu, quel enchanteur! j'ai été une fois à confeſſe à lui, je le prenois pour l'homme du Monde le plus dévot, il eſt vrai, qu'il ſait l'art de gagner les cœurs en perfection, & qu'il perſuade ce qu'il déſire. Mais je lui veux mal de m'avoir laiſſée dans l'erreur, où il me trouva, & d'où il me pouvoit dégager.

Angelique. Ah! qu'il eſt trop prudent pour ſe mettre ainſi au hazard; il te voyoit dans une bigotterie extraordinaire, dans des ſcrupules horribles, & il ſavoit, que d'une extrémité à l'autre on ne peut pas réduire une fille ſi facilement. Outre que ſi un ſeul Saint éclairoit tous les aveugles, il n'y auroit plus de miracle à faire pour les autres, tu m'entens bien! c'eſt-à-dire, que ſi tu avois eu la foi, tu aurois été guerie, & que ſi ce ſage Directeur eût reconnu en toi quelques diſpoſitions à ſuivre ſes ordonnances, il t'auroit ſervi de Médecin.

Agnés. Je le croi, mais j'aime autant t'en avoir l'obligation qu'à lui-méme. Apprens-moi, je te prie, quelque trait de la vie de ce Bienheureux.

Angelique. Je le veux, mon petit cœur, baiſe-moi donc & m'embraſſe bien amoureuſement auparavant: ah! ah! voilà qui eſt bien. Ah que je ſuis charmée de la beauté de ta bouche & de tes yeux! un ſeul de tes baiſers me tranſporte plus que je ne puis te l'exprimer.

Agnés. Commence donc? ah que tu es une grande baiſeuſe!

Angelique. Je ne me laſſe jamais de careſſer ce que je trouve aimable. Puiſque tu connois le Pere de Raucourt, il n'eſt pas néceſſaire que je te diſe que c'eſt l'homme du monde le plus intriguant, le plus adroit, & le plus ſpirituel qui ſe puiſſe trouver. Seulement je t'apprendrai qu'en fait d'amitié, il eſt

délicat

délicat au dernier point, & que comme il croit valoir quelque chose, il faut avoir bien des qualités pour lui plaire. Entre toutes ces conquêtes il n'en comptoit point de plus glorieuse, que celle qu'il avoit faite d'une jeune Religieuse d'un Couvent de cette ville, qui s'appelle sœur Virginie.

Agnés. J'en ai oui parler comme d'une beauté achevée, mais je n'en sai point d'autres particularités.

Angelique. C'est une fille la plus belle qui se puisse voir, si le portrait que son galant m'en a montré est fidèle, pour de l'esprit elle en est autant bien partagée qu'elle le pouvoit souhaiter : elle est enjouée, elle touche plusieurs instrumens, & chante avec des charmes capables d'enlever les cœurs. Il y avoit déjà quelques mois que notre Jésuite se l'étoit entiérement acquise, & qu'ils jouissoient tous deux de cette douce tranquillité, qui fait tout le bonheur des amans, lors que la jalousie commença le désordre que tu vas entendre.

Il y avoit dans le même Monastere une Religieuse, pour qui le Pere avoit témoigné avoir de l'amitié, & à qui il avoit fait plusieurs visites sur ce pied là : il en avoit même reçû quelques faveurs, capables d'engager fortement un homme un peu fidèle, mais l'éclat de la beauté de Virginie l'emporta sur son cœur, il se dégagea intérieurement de cette premiére habitude, & ne donna plus à cette pauvre fille que l'extérieur, & les apparences d'un véritable amour. Elle s'apperçût bientôt du changement, & vit clairement qu'il y avoit du partage. Elle dissimula néanmoins son chagrin, & voyant qu'elle avoit affaire à une Rivale qui la surpassoit en tout, elle ne fit point dessein de s'attaquer à elle, mais elle jura la perte de celui qui la méprisoit.

Pour venir plus facilement à bout de son entreprise, elle étudia les heures, & les momens, que Virginie donnoit à l'entretien de ce Religieux amant, & comme elle avoit appris par expérience, qu'il ne se contentoit pas de paroles, ni de faveurs légeres, elle crût avec raison, qu'elle pourroit les surprendre dans de certains exercices, dont la connoissance la rendroit Maitresse du sort de son infidèle : elle fut longtems devant que de rien découvrir d'assez fort pour éclater, elle apperçut bien deux ou trois fois ce pauvre Pere, qui se réchauffoit la main dans le sein de Virginie, elle le vit se donnant quelques baisers, avec une ardeur incroyable, mais cela passoit pour bagatelles dans son esprit, & comme elle savoit qu'on ne comptoit dans le Cloitre ces sortes d'actions, que pour des Peccadilles, que l'eau benite efface ; elle s'en tût en attendant une meilleure occasion de parler.

Agnés. Ah que je crains pour la pauvre Virginie !

Angelique. Nos amans, qui ne se doutoient point des embûches, qu'on leur dressoit, ne prenoient point de mesures pour s'en defendre, ils se voyoient deux ou trois fois la semaine, & s'écrivoient des billets lors que la prudence les obligeoit à se séparer pour quelque tems l'un de l'autre, de crainte de donner lieu à la médisance. Les lettres du Pere, dont les expressions étoient fortes & tendres, acheverent de lui gagner tout à fait Virginie, il la fut voir après huit jours d'absence, & remarqua à ses yeux & à sa contenance, qu'il en auroit ce qu'elle lui avoit toujours refusé auparavant. Cependant sa Rivale n'étoit pas oisive, car étant d'intelligence avec la mere portière, elle venoit d'apprendre l'arrivée du Jésuite, & ne doutant point, qu'après un si long intervalle, ils n'en vinssent à des privautés telles qu'elles les auroit souhaitées pour soi-même, elle se transporta animée de la jalousie dans un lieu voisin du Parloir, où par le moyen d'une petite ouverture qu'elle avoit faite, elle pouvoit découvrir jusques aux moindres mouvemens de ceux, qui s'y entretenoient, & entendre leurs plus secretes conversations.

Agnés. C'est ici que ma crainte se renouvelle. Ah que je veux de mal à cette curieuse de troubler si malicieusement le repos de deux malheureux amans !

Angelique. Afin que les dépositions qu'elle avoit dessein de faire, de ce qu'elle verroit, fussent reçues sans difficulté, elle prit une autre Religieuſe avec ſoi, qui pût rendre un ſemblable témoignage. S'étant donc poſtées l'une & l'autre dans l'endroit, dont je t'ai parlé, elles apperçurent nos deux amans qui s'entretenoient plus par leurs regards & par leurs ſoûpirs, que par les paroles, ils ſe ſerroient étroitement la main, & ſe regardant avec langueur ils ſe diſoient quelques mots de tendreſſe, qui partoient plus de leur cœur, que de leur bouche. Cette amoureuſe contemplation fut ſuivie de l'ouverture d'une petite fenêtre quarrée, qui étoit vers le milieu de la grille, & qui ſervoit à paſſer les paquets un peu gros, dont on faiſoit préſent aux Religieuſes. Ce fut pour lors que Virginie reçût & donna mille baiſers, mais avec des tranſports ſi grands, avec des ſaillies ſi ſurprenantes, que l'amour même n'auroit pas pû en augmenter l'ardeur. Ah, ma chere Virginie, commença notre paſſionné, vous voulez donc que nous en demeurions là? hélas! que vous avez peu de retour pour ceux qui vous aiment, & que vous ſavez bien pratiquer l'art de les tourmenter ? Eh quoi, reprit notre Veſtale, puis-je encore vous faire préſent de quelque choſe après vous avoir donné mon cœur ? ah que votre amour eſt tirannique, je ſai ce que vous deſirez, je ſai même que j'ai eu la foibleſſe de vous le faire eſpérer, mais je n'ignore pas que c'eſt tout mon bien, & toute ma richeſſe, & que je ne puis vous l'accorder, qu'en me réduiſant à l'extrêmité. Ne pouvons-nous pas en demeurant dans les termes, où nous ſommes, paſſer enſemble de doux momens, & goûter des plaiſirs d'autant plus parfaits, qu'ils ſeront purs & innocens ? Si votre bonheur, comme vous me dites, ne dépend que de la perte de ce que j'ai de plus cher, vous ne pouvez être heureux qu'une ſeule fois & moi toujours miſérable, puiſque c'eſt une choſe qui ne ſe peut recouvrir, pour ſe laiſſer perdre comme auparavant, croyez-moi : aimons-nous, comme un frere aime une ſœur, & donnons à cet amour toutes les libertés, qu'il pourra s'imaginer, à l'exception d'une ſeule.

Agnés. Et le Jéſuite ne répondoit-il point à tout cela ?

Angelique. Non, pendant tout ce difcours il ne dit rien, mais fe foutenant la tête d'une main, dans une pofture de mélancolique, il regardoit avec des yeux remplis de langueur, celle qui lui parloit. Après quoi lui prenant la main au travers de la grille, il lui dit d'un air touchant: Il faut donc changer de méthode, & n'aimer plus comme auparavant? le pouvez-vous, Virginie? Pour moi je ne puis rien retrancher de mon amour, & les régles, que vous venez de me prefcrire, ne peuvent être reçûes d'un véritable amant. Il lui exaggera enfuite avec tant de feu l'excès de fon ardeur, qu'il la déconcerta entiérement; & tira d'elle une promeffe de vive voix, de lui accorder dans quelques jours ce qui feul devoit le rendre parfaitement heureux, il la fit pour lors approcher plus près de la grille, & l'ayant fait monter fur un fiege affez élevé, il la conjure de lui permettre au moins de fatisfaire fa vûe, puifque toute autre liberté lui étoit défendue; elle lui obéit après quelque réfiftance, & lui donna le tems de voir & de manier les endroits consacrés à la chasteté, & à la continence. Elle de son côté voulut aussi contenter ses yeux par une pareille curiosité, & le Jésuite, qui n'étoit pas insensible, en trouva aisément les moyens, & elle l'obtint de lui, ce qu'elle désiroit avec plus de facilité, qu'elle ne le lui avoit accordé. Ce fut là le moment fatal de l'un & de l'autre, & celui que désiroient nos Espionnes : elles contemploient avec une satisfaction extraordinaire, les plus beaux endroits du corps nud de leur compagne, que le Jésuite mettoit à découvert, & qu'il manioit avec les transports d'un amant insensé. Tantôt elles admiroient une partie, tantôt une autre, selon que le Pere officieux tournoit & faisoit changer de situation à son amante, tellement que quand il considéroit le devant, il leur exposoit en vue son derriere, parce que sa juppe d'un côté & d'autre étoit levée jusques à la ceinture.

Agnés. Il me semble, que je suis présente à ce spectacle, tant tu en rapporte l'histoire naïvement.

Angelique. Enfin ils terminerent leurs badineries, & nos deux Sœurs se reti-

rerent dans le dessein de couper le cours à ces amours mal conduits, & d'empêcher l'effet de la promesse de Virginie. Par un bonheur particulier pour cette pauvre innocente, la Religieuse que sa Rivale s'étoit associée dans la considération de ce qui s'étoit passé, avoit une amitié bien tendre pour elle, & tâcha de trouver un biais pour détruire le Jésuite, sans nuire à celle qu'elle cherissoit: elle lui fit connoître ce qu'elle sçavoit d'elle, l'assura de ne rien faire à son préjudice, pourvû qu'elle lui promit de rompre entiérement avec ce Religieux, & de n'avoir pas à l'avenir la moindre communication avec lui. Virginie toute honteuse de ce qu'elle apprenoit, s'engagea a tout ce qu'on voulut, demandant seulement avec instance que l'on conservât la réputation du Jésuite parce qu'il etoit impossible de nuire à l'un sans porter dommage à l'autre. Elle protesta qu'elle ne vouloit plus le voir, & que ce billet qu'elle lui alloit écrire pour lui donner avis de ne plus revenir, seroit le dernier qu'il recevroit d'elle. Ces conditions furent reçues de toutes deux, quoi qu'avec peine elles embrasserent Virginie, dont elles étoient devenues amoureuses, & dirent en la quittant qu'elles vouloient prendre la place du Pere, & lier une étroite amitié avec elle.

Agnés. Elle en étoit quitte à bon marché, je croi qu'elle devoit cette indulgence à sa beauté, & à ses autres qualités qui la rendirent sans doute aimable à son ennemie même.

Angelique. Ce n'est pas encore ici la fin de notre histoire. Virginie écrivit donc promptement au Pere de Raucourt, & l'avertit par son billet de tout ce qui se passoit, & des conditions auxquelles elle s'étoit engagée, pour sauver son honneur, & le sien : elle lui remontra le danger, où il s'exposeroit, s'il revenoit pour la voir, & lui fit connoître qu'il étoit même impossible qu'elle reçût de ses lettres, s'il ne se servoit d'une intrigue particulière, pour éviter leurs surprises. Elle finissoit par des protestations d'un amour constant, & à l'épreuve de toutes les plus rudes attaques de la jalousie, & lui faisoit espérer que le tems pourroit dissiper cet orage, qui les menaçoit, & les rendre plus heureux que jamais. Je ne dis point avec quelle surprise le Pere reçût & lût cette lettre ; ce fut un coup de foudre qui le frappa : il vit qu'il n'étoit pas à propos d'y faire réponse & qu'il falloit céder au malheur qui s'opposoit à sa bonne fortune, dans le moment qu'il étoit prêt d'en jouir.

Trois semaines s'étoient déjà passées de ce veuvage, lors que Virginie s'ennuyant de sa solitude, trouva par une adresse merveilleuse le moyen d'aprendre des nouvelles de son Amant, & de lui faire part des siennes. Elle feignit de s'être oubliée d'envoyer au Pere de Raucourt un Bonnet quarré, qu'il lui avoit donné à faire, du tems de leurs familiarités passées : sa Rivale lui dit, qu'elle eut à le lui remettre entre les mains, & qu'elle le feroit tenir par une Touriére. Cela fut fait, la messagére fut avertie de la manière qu'elle devoit parler, elle s'aquitta de sa commission de point en point, & le Jésuite après avoir reçu le Bonnet, la pria d'attendre un moment dans l'Eglise afin d'avoir lieu de penser à ce qu'il voyoit.

Après un peu de réflexion il se douta du stratagême, fit ouverture dans un endroit du Bonnet, & y trouva une lettre de Virginie, sans l'examiner beaucoup, il y fit promptement la réponse, qu'il plaça dans le même lieu qu'il ferma le mieux qu'il pût avez deux ou trois point d'aiguilles. Il revint joindre la Touriere qu'il pria de rapporter le Bonnet, afin qu'on le raccommodât, parce qu'il étoit de beaucoup trop étroit pour lui, qu'il l'avoit fait essayer à plusieurs de la maison, afin d'exempter la personne de la peine qu'elle auroit à le reformer, mais qu'il ne s'étoit trouvé aucun Pere à qui il fut propre, qu'au reste qu'il lui étoit fort obligé de la patience qu'elle avoit eue à attendre si longtems. La bonne Sœur répondit par ses révérences aux civilités du Pere, & remporta le Bonnet quarré au Monastere, elle le remit par l'ordre de celle qui l'avoit envoyée, entre les mains de Virginie, qui fut ravie d'y apprendre des nouvelles de celui qu'elle aimoit, & de ce que son artifice avoit si bien réussi.

Agnés. Il faut avouer que l'Amour est bien inventif.

Angelique. Ce commerce dura plus d'un mois, il y avoit toujours quelque chose à refaire à ce vénérable Bonnet; de trois jours l'un, il falloit le porter au College, & le rapporter au Monastere. Personne ne s'imaginoit néanmoins qu'il y eut rien de mystérieux dans une semblable chose, on n'y prenoit pas garde, & ils auroient pû encore se servir de ce postillon sans l'accident qui le cassa au gage.

Agn. Oh Dieu, je m'imagine que le Pot aux Roses fut découvert par la Touriere.

Angelique. Non tu te trompes. Cela vint de ce qu'un jour de jeûne que le Portier des Jésuites étoit de mauvaise humeur pour n'avoir peut-être pas vuidé sa Roquille à l'ordinaire. La Touriere qui avoit une infinité de commissions, & entr'autres celle du Bonnet, sonna deux ou trois fois à la porte du College, pour se décharger au plutôt de son message. Ce bon Frere partit du Jardin, où il étoit, & étant arrivé hors d'haleine, pensant que ce fut quelque Evéque, ou Archevêque, ou quelque autre Grandeur, qui eut ainsi sonné en Maître, il fut bien surpris à la vue de la bonne Sœur, qui n'avoit rien autre chose à lui dire, que de remettre le Bonnet quarré entre les mains du Pere de Raucourt. Ce demi Cuistre rebattu par tant de visites qui ne lui plaisoient pas, s'emporta de colere, & dit que ce Bonnet-là se promenoit trop souvent, & qu'il le mettroit en la disposition d'un homme qu'il lui feroit faire un peu de retraite. La Touriere s'excusant le mieux qui lui fut possible, se retira, & le Recteur qui attendoit un compagnon pour sortir, ayant entendu le Dialogue, appella le Frere & voulut apprendre le sujet du différent, & pourquoi il traitoit ainsi rudement les personnes qui avoient à faire à ceux de la maison. Celui-ci se voyant chapitré de son Supérieur, lui dit tout ce qu'il pensoit de ce Bonnet, l'assura qu'il avoit déja fait près de vingt tours & retours du College au Monastere, que sans doute il y avoit quelque dessein caché dans ces manieres, & que s'il plaisoit à sa Révérence, il visiteroit cette piece, qu'il disoit de contrebande ; ce qu'il fit à l'instant, & d'un coup de ciseau, il fit voir le jour au quinzième *Enfant du Bonnet quarré* qui venoit en droite ligne de la Sœur Virginie.

Agnés. Oh Dieu, qu'une personne a de peine à se sauver, quand un mauvais Destin la poursuit, & qu'il a juré sa perte ! qu'arriva-t-il de tout cela ?

Angelique. Il est arrivé, que le Pere a été confiné dans une autre Province, & que la pauvre Virginie a été mortifiée de quelques pénitences, & c'est de là qu'est venu le proverbe, *qu'il y a bien de la malice sous le Bonnet quarré d'un Jésuite.*

Ag. Oh Dieu, c'étoit pour elle seule que j'apprehendois ! mais dis-moi, comment cela vint à la connoissance de la Prieure ?

Angelique. Je serois trop longtems, à t'entretenir de la même chose ; dans la premiere conversation, qui succédera à ma retraite, je t'en dirai davantage sur ce sujet. Je te ferai voir deux Enfans du Bonnet quarré, & t'apprendrai le sort de leur pere & mere. Pense seulement à présent, ma plus chere, que je vais passer huit ou dix jours bien tristement, puis qu'il me sera défendu d'avoir la moindre conférence avec toi. Je vais écrire à trois de mes bons amis, afin qu'ils te fassent visite pendant ce tems; il y a un Abbé, un Feuillant, & un Capucin.

Agnés. Oh Dieu, quelle bigarrure! & que voulez-vous que je fasse avec tous ces gens-là, que je ne connois point?

Angelique. Tu n'as qu'à être obeïssante, ils t'apprendront assez ce qui sera de ton devoir pour les satisfaire & pour te contenter. Tien voici un livre que je te prête, fais en un bon usage, il t'instruira de beaucoup de choses, & donnera à ton esprit toute la quiétude que tu peux souhaiter. Baise-moi, ma chere enfant, pour tout le tems que je serai sans te voir. Ah que je passerois ma retraite avec bien du plaisir, si le Directeur que j'aurai étoit aussi aimable & aussi docile que toi! Adieu, mon cœur, habille toi, tiens secretes toutes nos amitiez, & te prepare à me faire le recit de tous tes divertissemens, lors que je serai sortie de mes exercices.

Fin du Premier Entretien.

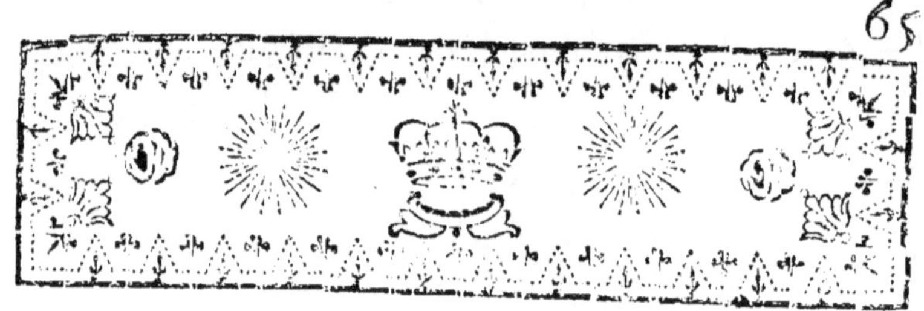

VENUS DANS LE CLOITRE, OU LA RELIGIEUSE EN CHEMISE.

SECOND ENTRETIEN.

Sœur *Angelique*. Sœur *Agnés*.

Angelique. AH Dieu ſoit loué ! je commence à reſpirer, jamais je n'ai été plus accablée de dévotions, de myſteres, & d'Indulgences, que depuis que je t'ai quittée : ah que je ſuis rebutée de toutes ces ſuperſtitions ! Comment te portes-tu ? tu ne me dis rien, qu'as-tu à rire ?

Agnés. Je ſuis toute honteuſe de paroître devant vous, je m'imagine que vous ſavez déja juſques aux moindres particularitez de tout ce qui s'eſt dit & paſſé dans vôtre abſence.

Angelique. Et de qui aurois-je pû l'apprendre ? tu te raille bien de moi, vient-t-en dans ma chambre, & ſonge par où tu commenceras à m'en faire un fidele récit. Pour moi je ſors d'entre les mains d'un ſauvage qui auroit mis au déſeſpoir un eſprit autrement tourné que le mien, je veux dire de mon Directeur, c'eſt l'homme le plus bourru, & le plus ignorant de ſon caractere. Je croi qu'il m'a fait gagner toutes les Indulgences, & les Pardons qui ont jamais été accordez par les Papes, depuis Gregoire le Grand, juſques à Innocent XI. ſi je l'avois crû, je me ſerois miſe le corps en ſang par les diſciplines qu'il m'a ordonnées, ce n'eſt pas que je lui aye fait montre de beaucoup de malice dans les Confeſſions qu'il a entenduës de moi : mais c'eſt parce qu'il s'imagine que pour être dans le chemin du Paradis il faut être auſſi ſec, auſſi maigre, & auſſi décharné que lui,

& que c'eſt aſſez que d'être un peu agréable, & d'avoir de l'embonpoint pour mériter toutes ſortes de pénitences. Jugés par là, comme j'ai paſſé mon tems, & ſi je n'ai pas eu ſujet de m'ennuyer?

Agnés. Pour moi je te dirai que tu m'as donné des Directeurs qui ne m'ont gueres moins fatiguée que le tien, je ne ſai pas, ſi j'ai gagné avec eux des Indulgences, mais je ſuis certaine, que pour les gagner, beaucoup de perſonnes n'en font pas tant que nous en avons fait.

Angelique. Je n'en doute point. Mais dis-moi un peu des nouvelles de nôtre Abbé, & m'apprend, s'il eſt capable de quelque choſe.

Agnés. Ce fut lui que je vis le premier, & en qui j'ai trouvé plus de feu, il n'y a rien de plus vif & de plus animé, & il y a plaiſir à l'entendre diſcourir. J'étois à la recreation d'après le diner lors qu'on vint m'avertir qu'il me demandoit. Comme je ſavois que Madame étoit indiſpoſée, je lui fis dire par la Portiere qu'il allât au grand parloir,

& qu'il ne s'impatientât pas. Je le fis bien attendre un bon quart d'heure, parce que je changeai de voile & de guimpe, afin de paroître devant lui un peu proprement, & de tâcher à répondre à l'espérance qu'il avoit, de voir une personne, dont on lui avoit fait le portrait si avantageusement. A son abord je fis semblant de paroître un peu interdite, répondant fort sérieusement aux civilitez qu'il me faisoit, mais cela ne le démonta point; au contraire il prit de là occasion de me dire fort hardiment, qu'il savoit qu'il étoit permis aux belles de parler d'un certain air indifférent, qui seroit mal séant à d'autres, mais qu'il avoit lieu d'espérer que se présentant à la faveur de ma meilleure amie, sa visite ne pourroit m'être qu'agréable.

Angelique. Il passe pour avoir de l'esprit, & on peut dire que ses grands voyages accompagnez de beaucoup d'expérience, ont ajoûté à ses avantages naturels toute la perfection qui lui manquoit.

Agnés. Je ne ſai point ce que tu lui as dit de moi, mais je trouve qu'il s'avançoit beaucoup pour une premiere viſite ; il tourna la converſation ſur l'auſterité des Maiſons Religieuſes, & tâcha à me perſuader par une infinité de raiſons, de ne point ſuivre le zèle indiſcret de la plûpart, traitant de ridicules toutes celles qui mettoient ſottement en uſage toutes ſortes de mortifications. Il me fit rire par le récit naïf de ce qui lui étoit arrivé en Italie avec une Religieuſe de S. Benoît, de l'adreſſe, dont il ſe ſervit pour la voir auſſi ſouvent qu'il ſouhaitoit, & comme enfin il en reçut les faveurs qui devoient être le fruit de ſes aſſiduitez. Il m'aſſura que devant cette habitude il avoit toujours crû qu'il n'y avoit que chez les Religieuſes que la chaſteté refugiée ſe conſervoit, & qu'il s'étoit toujours perſuadé que ces ames recluſes vivoient dans une continence auſſi parfaite que celle des Anges, mais qu'il avoit bien reconnu le contraire, & que comme rien de parfait ne ſe gâte médiocrement, & qu'une choſe conſerve dans ſa corruption le même degré qu'elle avoit en ſa bonté, il avoit remarqué, qu'il n'y avoit rien de plus diſſolu que toutes les Recluſes & Bigottes, lors qu'elles trouvoient l'occaſion de ſe divertir. Il me montra à un certain inſtrument de Verre qu'il avoit reçu de celle, dont je t'ai parlé, & m'aſſura, qu'il avoit apris d'elle qu'il y en avoit plus de cinquante de la ſorte dans leur maiſon, & que toutes depuis l'Abbeſſe juſques à la derniere profeſſe, le manioient plus ſouvent que leurs chapelets.

Angelique. Voilà qui eſt bien, mais tu ne me dis rien pour ce qui te regarde?

Agnés. Que veux-tu que je te diſe? C'eſt l'homme du monde le plus badin; à la ſeconde viſite qu'il me fit je ne pûs me diſpenſer de lui accorder quelque grace, il oppoſa à toutes mes raiſons une morale ſi forte, & ſi artificieuſe, qu'il rendit tous mes efforts inutiles, il me fit voir trois lettres de nôtre Abbeſſe, qui m'aſſuroient, que quelque choſe que je fiſſe, je ne pouvois marcher que ſur ſes pas. Elle a paſſé des nuits entiéres avec lui, & ne le traite dans ses billets que d'Abbé de Beau-lieu. Je lui representai que la grille étoit un obstacle insurmontable, & qu'il falloit de nécessité qu'il se contentât de légeres badineries, puis qu'il étoit impossible d'aller plus avant. Mais il me fit bien connoître qu'il étoit plus savant que moi, & me fit voir deux planches qui se levoient, une de son côté, & l'autre du mien, & qui donnoient passage suffisant pour une personne: il me dit, que c'étoit par son conseil que Madame avoit fait disposer cela de la sorte, qu'elle l'avoit nommé *le Détroit de Gibraltar*, & qu'elle lui disoit un jour, qu'il ne falloit pas s'hazarder de la passer, sans être bien muni de toutes les choses nécessaires, particuliérement si on avoit dessein de s'arrêter aux Colonnes d'Hercule. Après donc plusieurs contestations de part & d'autre, l'Abbé passa le Détroit, & arriva au port, où il fut reçû, mais ce ne fut pas sans peine, & seulement après qu'il m'eut assurée, que son entrée n'auroit point de mauvaises suites, je lui permis autant de ſejour qu'il en falloit pour le rendre heureux ; c'étoit le ſeptième du mois d'Août, qui étoit un jour que Madame avoit coûtume d'employer dans des grandes cérémonies, mais que ſon indiſpoſition l'avoit obligée à remettre juſques au mois prochain ce qu'elle obſervoit ordinairement dans celui-ci. Il me dit, qu'elle avoit créé la ſeconde année qu'elle fut Abbeſſe un Ordre de Chevalerie, qui n'étoit compoſé que de Prêtres, de Moines, d'Abbez, de Religieux, & de Perſonnes Ecléſiaſtiques ; que ceux qui y étoient admis, faiſoient ſerment de garder le ſecret de l'Ordre, & s'appelloient *les Chevaliers de la Grille* ou *de St. Laurent* ; que le Collier qui leur étoit donné le jour de leur reception étoit compoſé des chiffres de Madame entrelacez dans des lacs d'amour, & qu'au bas pendoit une Medaille d'or repréſentant le Patron de l'Ordre couché tout nû ſur un gril, au milieu des flammes, avec ces paroles : *Ardorem craticula fovet* ; c'eſt-à-dire, *le Gril augmente mes feux.* Il me montra le Collier qu'il avoit reçû, & après quelques préfens qu'il me fit de livres curieux, nous nous féparâmes l'un & l'autre jufques à une nouvelle entrevuë.

Angelique. Tu ne m'as rien apris de nouveau, touchant l'Ordre établi par Madame; Mr. l'Évêque de ** en eft le premier Chevalier, l'Abbé de Beaumont le fecond, l'Abbé du Prat le troifième, le Prieur de Pompiere le quatrième; voilà les principaux, & les premiers en date; ils font fuivis de Jefuites, de Jacobins, Auguftins, Carmes, Feuillants, Peres de l'Oratoire, & du Provincial des Cordeliers, tellement qu'à la derniere promotion qui fe fit l'an paffé, le nombre étoit de vingt-deux. Mais il eft à remarquer qu'il y a beaucoup de différence entre eux, & qu'ils ne peuvent jouir tous de pareils privilèges; il y en a qui s'appellent *les Cordons Bleus*, & ce font ceux qui font tout-puiffans, qui ont le fecret de l'Ordre, & qui difpofent des affaires de Madame, comme Madame conduit les leurs. Pour ce qui eft des autres, leur pouvoir eft limité, il a des bornes qu'ils ne peuvent pas paffer. Et ils n'ont gueres plus d'avantage que les aſpirants, juſques à ce que par leur zèle, leur prudence, & leur diſcretion, ils ſe ſoient rendus dignes d'être de la grande profeſſion. De tous les Moines, les ſeuls Capucins en ſont exclus, parce que cette barbe, qui les déguiſe tant, les a rendus odieux à nôtre Abbeſſe, qui dit qu'elle ne peut s'imaginer, qu'une perſonne du ſexe puiſſe vouloir du bien à ces Satires. Mais à propos, dis-moi des nouvelles du Pere Vital de Charenton?

Agnés. Je n'aurois jamais crû auſſi bien que Madame, qu'un Capucin eût été capable d'une galanterie, ſi celui-là ne m'en eut perſuadé par ſa conduite. Il me vint voir trois jours après nôtre Abbé, nous allâmes dans le parloir de S. Auguſtin, & ce fut là, où il me débita plus de fleurettes, que je n'en aurois pû attendre d'un Courtiſan de profeſſion; il parla au reſte ſi hardiment que j'avois honte d'entendre ſortir de la bouche d'un homme, dont l'habit & la barbe ne prêchoient que la pénitence, des paroles au commencement peu

libres, mais dans la fin les plus dissoluës que le plus grand débauché puisse mettre en usage. Je ne pus m'empêcher de lui en marquer mon étonnement, & de lui faire connoître qu'il y avoit de l'excès dans ses transports. Ce qui fit qu'il y apporta un peu de modération. Il m'a rendu trois visites, pendant ta retraite, & à la derniere il obtint peu de chose de moi, parce que le Parloir où nous étions, n'avoit pas les commoditez de l'autre. Je te dirai seulement, qu'il m'apprêta bien de quoi rire, en ce qu'ayant par ses efforts ébranlé une barre de fer de la grille, & croyant s'être fait un chemin assez large pour y passer, il s'y hazarda malgré moi, mais il n'en pût venir à bout, d'autant qu'ayant passé la tête & une des épaules avec bien de la difficulté, son Capuchon s'accrocha à une des pointes du dehors, tellement qu'il avoit beau se remuër, il ne pouvoit se débarrasser de ce piége. Je ne pouvois le contempler dans cette posture sans éclater de rire, je le fis promptement repasser de son côté, & lui fis remettre la grille dans son premier état. Il me donna trois ou quatres livres, dont il m'avoit parlé dans sa premiere visite, & se retira mal satisfait de son avanture.

Angelique. Je suis fachée de ce desordre, car sans doute cela l'aura rebuté.

Agnés. Rebuté, bon Dieu! vraiment c'est bien un homme à se rebuter, il n'y a rien de plus effronté que lui; oh qu'il sera ici devant la fin de la semaine, il m'a promis le *Recueil des Amours secretes de Robert d'Abrissel*, il m'en commença l'histoire, mais je la croi fausse, & controuvée à plaisir.

Angelique. Tu te trompe, il n'y a rien de plus véritable, & plusieurs graves Auteurs écrivent, qu'il avoit coûtume de coucher avec ses Religieuses afin de les éprouver, & de remarquer en même tems dans sa personne, jusques où pouvoient aller les forces de la vertu, qui combat les tentations de la chair: il croyoit beaucoup mériter par là; & c'est ce qui a donné lieu à Godefroy de Vendôme, de traiter cette dévotion de plaisante & de ridicule, dans une lettre, qu'il écrit à S. Bernard, & d'appeller cette ferveur un nouveau genre de martyre : cela a empêché jusques à présent, que cet homme n'ait été mis au rang des Saints par la Cour de Rome, on le traite néanmoins de Bien-heureux.

Agnés. Il faut avoüer qu'il y a bien des abus, qui se pratiquent dans nôtre Religion ; & je ne suis plus surprise de ce que tant de peuples s'en sont séparez, pour s'attacher littéralement aux Ecritures. Le Pere Feüillant, que je vis pendant la retraite, me fit remarquer visiblement tous les endroits défectueux du gouvernement présent, pour ce qui regarde la Religion. C'est un homme, qui pour sa jeunesse (car il n'a que vingt-six ans) posséde toutes les sciences, qui peuvent rendre une personne accomplie, de quelque caractere qu'elle soit : il parle universellement de toutes choses, mais avec un air dégagé & qui n'a rien de pedanteique.

Angelique. Je voi bien, qu'il te plût, il est bien fait & beau garçon, pour moi je ne l'appellois que mon *Grand Blanc* ; en quel Parloir le vis-tu ?

Agnés. Je l'ai vû deux fois : la premiere ce fut dans le Parloir de S. Joseph, & la derniere dans celui de Madame.

Angelique. Bon, bon, c'eſt-à-dire, qu'il paſſa *le Détroit* ? Il me méritai bien, & il y a plaiſir à lui voir faire ſon perſonnage.

Agnés. Il me donna deux petites Fioles d'eſſences, qui ont une odeur merveilleuſe, il étoit parfumé depuis les pieds juſques à la tête, & avec un vermeil ſi animé, que je le ſoupçonnai d'abord de s'être ſervi du petit Pot, mais je reconnus le contraire dans la ſuite, & vis que le rouge ne procédoit que de l'ardeur de ſa paſſion, & de ce qu'il avoit le poil fraîchement fait. Son entretien & ſes badineries me plûrent infiniment, & je n'eus pas de peine à lui accorder le paſſage, que j'avois tant diſputé à nôtre Abbé. Je lui repréſentai ſeulement, qu'il y avoit ſujet de craindre, que les ſottiſes que nous faiſions tous deux, ne fuiſſent ſuivies d'une troiſième. Je vous entens, reprit-il, il tira en même tems un petit livre de ſa poche qu'il me donna, il avoit pour titre : *Remedes doux & faciles contre l'Embonpoint dangereux.* Il me dit, qu'il m'apprendroit ce que j'aurois à faire dans une pareille occaſion, il me mit dans la bouche un morceau de conſerve, que je ne trouvois point de mauvais goût ; je ne ſai pas, ſi elle renfermoit quelque vertu ſecrete, mais auſſi-tôt il ſe mit en état d'arriver aux colonnes d'Hercule.

Angelique. C'eſt-à-dire, que le Grand Blanc gagna ton cœur?

Agnés. Aſſurément qu'il le partagea avec l'Abbé, je ne puis te dire, à qui je pourrois donner la préférence : une ſeule choſe me choqua dans le Feüillant, c'eſt que lui ayant vû au col un Reliquaire de vermeil doré, qu'il portoit ſur ſon cœur. J'eus la curioſité de l'ouvrir, mais je fus bien ſurpriſe de ne trouver rien autre choſe que des Cheveux, & du poil de différentes couleurs, diviſez dans des compartimens figurez & très-bien faits. Il m'avoüa que c'étoit-là des faveurs de toutes ſes Maîtreſſes, & me pria de favoriſer auſſi ſa dévotion, & que le plus bel endroit ſerviroit à placer ce que je lui ferois la grace de lui accorder! Que veux-tu, je le ſatisfis? J'oubliois à te dire qu'il y avoit en caracteres d'or cette inſcription au milieu d'un criſtal, qui couvroit toute cette belle marchandiſe: *Reliques de Sainte Barbe.* Sur le deſſus du Reliquaire, on voyoit gravé un Cupidon dans un Trône, & le Quidam proſterné à ſes pieds, avec ces paroles que j'ai bien retenuës, quoi qu'elles ſoient latines: AVE, LEX, JUS, AMOR. Je le blâmai de cette irrévérence, que je traitai d'impieté, mais il ne fit que d'en rire, & dit qu'il ne pouvoit refuſer ces cultes, à celles qui méritoient toutes ſortes d'adorations; & que ſi je ſavois déchifrer ſept autres lettres, qui étoient de l'autre côté, je ferois bien plus d'exclamations. En effet, ayant regardé, je vis les ſept lettres ſuivantes: A. C. D. E. D. L. G. Il ne voulut jamais m'en donner l'intelligence, quelque inſtance que je puiſſe faire, je fis ſemblant d'en être fâchée, mais il s'apperçût bien, que je ne ne lui voulois pas grand mal, c'eſt pourquoi il m'embraſſa de nouveau, & nous prîmes congé l'un de l'autre.

Angelique. Je ſuis ravie, ma chere enfant, que toutes choſes ſoient allez ſelon mes ſouhaits, ce n'eſt qu'un échantillon de ce que je veux faire pour toi. Et je te ménagerai la connoiſſance d'un Jeſuite, à qui ſans doute tu donneras le prix, & tu avoüeras, qu'il aura emporté l'avantage ſur tous les autres. Mais il eſt jaloux de ſes habitudes juſques à l'excès; c'eſt l'unique défaut que tu pourras trouver en lui, au reſte, bel homme, galant, beau parleur, & qui n'ignore rien de ce qui peut venir à la connoiſſance d'une perſonne.

Agnés. Cette imperfection eſt aſſez grande, pour que je ne puiſſe pas m'accommoder avec lui.

Angelique. Eh pourquoi? tu auras bien de la peine à trouver un homme qui aime véritablement, & qui ne ſoit pas jaloux. Je me ſouviens d'avoir connu un Bénedictin, qui croyoit que toutes les Religieuſes de ſaint Benoît ne pouvoient en voir d'un autre Ordre ſans injuſtice, & qu'elles déroboient à lui, & à ſes Confreres, toutes les faveurs, qu'elles accordoient aux Capucins; & voici comme il raiſonnoit. On ne peut pas douter, que les hommes, qui ſont en Religion, ne ſoient ſujets aux mêmes paſſions & mouvemens, que ceux qui ſont dans le Monde. C'eſt dans cette vûë, diſoit-il, que les Fondateurs des Ordres, qui étoient fort éclairez, n'ont point élevé des Cloîtres pour ceux de leur ſexe, qu'ils n'en ayent en même tems bâti pour les filles, afin que ſans avoir recours aux étrangers, ils puiſſent les uns & les autres ſe ſoulager de tems en tems, de la rigueur de leurs vœux. Dans les commencemens cela ſe pratiquoit ſelon l'intention des Inſtituteurs, ce qui faiſoit qu'il n'y avoit aucun ſcandale, mais à preſent ces lieux ſe ſentent de la corruption générale, on voit ſans peine le Bernardin avec la Jacobine, le Cordelier avec la Benedictine, & de cette confuſion horrible, il ne peut naître que des Monſtres.

Agnés. Cette penſée étoit aſſez plaiſante.

Angelique. Hélas ! s'écrioit-il, que diroient tous ces Saints Fondateurs à la vûë de tant d'adulteres, s'ils revenoient ſur la terre ? que de foudres, que d'anathêmes ils fulmineroient contre leurs propres Enfans ! Saint François ne renvoyeroit-il pas les Capucins aux Capucines, les Cordeliers aux Cordelieres ; Saint Dominique, Saint Bernard, & tous les autres, ne remettroient-ils pas tous ces dévoyez dans le premiet chemin de leurs regles, & de leurs conſtitutions. C'eſt-à-dire, les Jacobins aux Jacobines, les Feüillants aux Feüillantines. Mais que deviendroienr les Jéſuites, & les Chartreux, lui dis-je, car Saint Ignace, ni Saint Bruno, n'ont point dreſſé de Regles pour le ſexe. Oh que cet Eſpagnol, reprit-il, y a bien pourvû, il a fait cela exprès, afin qu'ils euſſent lieu d'aller impunément par tout ; outre que ſuivant ſa fantaiſe qui étoit un peu Péderaſte, il les a mis dans les emplois, où ils trouvent parmi la jeuneſſe des momens de ſatisfaction, qu'ils préferent à tous les divertiſſemens des autres.

Pour les Chartreux, continua-t-il, comme la retraite leur eſt étroitement ordonnée, ils cherchent dans eux-mêmes le plaiſir, qu'ils ne peuvent pas aller prendre chez les autres, & par une guerre vive & animée, ils viennent à bout des plus rudes tentations de la Chair. Ils réïterent le combat tant que leur ennemi leur fait de la reſiſtance, ils y employent toute leur vigueur, & nomment ces ſortes d'éxpeditions *la guerre de cinq contre un.* Eh bien le Diſciple de Saint Benoît ne parloit-il pas ſavamment?

Agnés. Aſſurément, j'aurois pris plaiſir à l'entendre.

Angelique. Il n'y a rien de plus certain, que ſi cela ſe pratiquoit, & que ſi dans le déſordre même on ſuivoit quelque réglement, que tout en iroit mieux. Il y a un an qu'une jeune Religieuſe n'auroit pas été ſi mal-heureuſe comme elle a été depuis, ſi elle eût fait avec le Provincial de ſon Ordre, ce qu'elle fit avec celui d'un autre. Tu as peut-être entendu parler de la Sœur Cecile, & du Pere Raymond ?

Agnés. Non, apprend-moi ce que tu en sais.

Angelique. La Sœur Cecile est une Réligieuse de l'Ordre de Saint Augustin, & le Pere Raymond étoit pour lors Provincial des Jacobins : je ne te dirai point de quelle maniére il s'insinua dans l'esprit de cette innocente, qui avoit été inaccessible à tout autre auparavant ; mais tu sauras seulement qu'il se l'acquit tellement, que jamais amitié n'a été plus étroite, & ils ne pouvoient être un moment sans se voir, ou sans recevoir des nouvelles l'un de l'autre. On s'apperçût dans la Communauté de cet engagement, & le Provincial Augustin, qui gouvernoit cette maison, en ayant eu avis, fut au désespoir, parce que jamais il n'avoit pû rien faire auprès d'elle, quoi qu'il eût tâché par toutes sortes de moyens de la corrompre. C'étoit la plus belle de ce monastere. Etant ainsi choqué au vif, il écrivit à la Supérieure, & lui donna ordre d'avoir les yeux ſur les comportemens de Cecile : il fut facile à cette gardienne de découvrir bientôt quelques ſottiſes, parce que perſonne ne ſe tenoit ſur ſes gardes, ce n'étoit néanmoins que des badineries ; mais c'en étoit toûjours aſſez pour donner lieu à un jaloux, qui avoit le pouvoir en main, de mal-traiter une pauvre Religieuſe. Il n'en forma pourtant pas le deſſein, mais ſe propoſa de ſe ſervir de cette occaſion, pour avoir d'elle, ce qu'il n'en avoit pû obtenir auparavant. Il lui écrivit à elle-même, afin de ne point éclater, & lui défendit la grille juſques à ſon arrivée, il étoit éloigné de vingt lieuës.

Agnés. Mais pouvoit-on produire des preuves contre elle, qu'elle eut fait quelque choſe de notable ?

Angelique. Oh qu'on ſait bien le moyen d'en trouver, n'en fut-il point, quand on a deſſein de perdre une perſonne. Mais tout le mal ne vint que de ce qu'elle fut mal conſeillée. Le Provincial étant donc arrivé, lui dit, que c'étoit ſur les informations qu'il avoit euës de ſa mauvaiſe conduite, qu'il s'étoit tranſporté ſur les lieux, que c'étoit une choſe honteuſe, qu'une jeune Religieuſe, comme elle, s'abandonnât à des actions qui ne pouvoient être nommées pour leur infamie, & qu'il avoit bien du déplaiſir de ſe voir obligé à en faire une punition exemplaire. Cecile qui n'étoit coupable devant les hommes, que de quelques badineries, comme regards & attouchemens, dit, qu'il étoit vrai qu'elle avoit vû fort ſouvent le Pere Raymond, dont on lui parloit, mais qu'elle ſavoit auſſi qu'elle n'avoit rien fait avec lui, qui méritât une notable réprehenſion; qu'elle lui avoit donné ſon congé, auſſi-tôt qu'elle en avoit reçû les ordres, & qu'elle avoit fait voir par là, qu'il n'y avoit rien de fort étroit dans cet engagement. Le Provincial pour arriver à ſon but, changeant de diſcours, lui parla dans des termes plus doux qu'auparavant, & lui repréſenta, que s'il lui arrivoit quelque mortification, elle en ſeroit elle-même la cauſe, qu'elle pouvoit remedier au déſordre qu'elle avoit cauſé, & qu'il lui étoit très-facile de se parer des corrections rigoureuses, qui ne pouvoient lui manquer, si elle ne se servoit des avantages qu'elle possédoit. Il la prit en même tems par la main, qu'il lui serra amoureusement, en la regardant avec un soûris qui devoit lui faire connoître la disposition du cœur de son Juge.

Agnés. Ne se servit-elle pas de ce qu'elle pouvoit avoir d'engageant, pour se tirer du danger, où elle étoit?

Angelique. Non, elle prit une conduite toute opposée à celle qu'elle devoit suivre, elle s'imagina, que c'étoit pour l'éprouver, que son Provincial lui parloit de la sorte, & qu'il n'avoit point d'autre dessein, que de juger par sa foiblesse, de ce qu'elle avoit été capable de faire avec l'autre. Sur ce mauvais fondement, elle ne répondit à celui qui brûloit d'amour pour elle, que par des froideurs & des paroles plus qu'indifférentes, qui changérent le cœur de ce passionné, & qui d'un tendre amant en firent un Juge implacable. Il procéda donc selon les formes, à l'instruction du procès de Cecile; il reçût les dépositions, que la jalousie & la flatterie mirent dans la bouche de plusieurs de ses Compagnes, & condamna cette pauvre enfant à être foüettée jusques au sang, à jeûner dix Vendredis au pain & à l'eau, & à être excluse du Parloir pendant six mois: tellement qu'on peut dire, qu'elle fut punie pour avoir été trop sage, & pour ne s'être pas laissée corrompre à la brutalité de son Supérieur.

Agnés. Oh Dieu, que cela me touche! je regarde cette pauvre Religieuse comme une innocente victime, immolée à la rage d'un furieux, & je ne fais point de différence entre elle, & les onze mille Vierges.

Angelique. Tu as raison, car on dit, que celles-ci furent égorgées pour n'avoir pas voulu satisfaire la passion d'un homme, & celle-là n'a été outragée que par la même raison. Comme il n'y a point d'animal au monde plus luxurieux qu'un Moine, il n'en est point aussi de plus malin & de plus vindicatif lors qu'on méprise son ardeur. J'ai lû sur ce sujet une Histoire d'un maudit Capucin, dans un livre, qui avoit pour titre : *le Bouc en chaleur.* Mais à propos dis-moi un peu, quels sont les livres, que tu as reçûs pendant ma retraite? je prétens bien en avoir la lecture.

Agnés. Très-volontiers, il y en a d'assez plaisans, en voici le Catalogue:

La Chasteté Feconde, Nouvelle Curieuse.

Le Passe-par-tout des Jésuites, Piece Galante.

La Prison Eclairée, ou *l'Ouverture du petit Guichet*, le tout en Figures.

Le Journalier des Feüillantines.

Les Prouesses des Chevaliers de S. Laurent.

Regles & Statuts de l'Abbaye de Cogne au fonds.

Recueil des Remedes contre l'Embonpoint dangereux, composé pour la commodité des Dames Religieuses de S. George.

L'Extrême-Onction de la Virginité mourante.

L'Orvietan apostolique composé par les

quatre Mendians, ex præcepto Sanctissimi.

Le Coupe-Cû des Moines.

Le Passe tems des Abbez.

La Guerre des Chartreux.

Les fruits de la Vie unitive, &c. Je crois, si je ne me trompe, que je n'en oublie aucun dans cette Liste, j'ai déjà fait la lecture de cinq ou six, qui m'ont infiniment plû.

Angelique. Certes, ils t'ont fait présent d'une Bibliotheque toute entiere. Si le dedans répond au dehors, comme je n'en doute point, ces livres doivent être fort divertissans. Tu as là dequoi perfectionner ton esprit, & te rendre telle que tu dois être, c'est-à-dire, universelle en toutes sciences, car il en est qui au milieu de beaucoup de lumiére conservent encore des doutes qui leur font quelquefois de la peine, & dont les suites sont souvent dangereuses. Je te veux dire une Histoire sur ce sujet, qui est arrivée dans l'Abbaye de Chelles.

Agnés. Il faut que vous ayez des intrigues merveilleuses, pour apprendre tout ce qui se passe de plus secret dans tous les Monastères.

Angelique. Tu sauras, que l'Abbesse de cette Maison étant d'un naturel fort chaud, avoit coûtume de prendre le Bain tous les Etés pendant quelques semaines. Il étoit dressé selon l'ordonnance de son Médecin, qui pour le faire trouver meilleur prescrivoit une régle & une méthode particuliere à observer, sans laquelle il devoit être inutile. Il falloit le soir de la veille, qu'on le devoit prendre, le préparer entiérement, & laisser reposer l'eau toute la nuit jusques au lendemain, qu'on pouvoit à certaines heures se mettre dedans. Les odeurs & les essences n'y étoient point épargnées, on les y répandoit avec profusion, & tout ce qui pouvoit flatter la sensualité de Madame, entroit dans sa composition.

Agnés. Ce sont les Médecins, qui par une fausse complaisance entretiennent ainsi le foible des personnes.

Angelique. Quoi qu'il en soit, une jeune Religieuse de la Maison appellée

Sœur Scolaſtique, & de l'âge de dix-huit ans, voyant tout ces grands préparatifs pour Madame, & s'appercevant, que le bain étoit en état dès le ſoir, forma le deſſein, tant pour ſe ſoulager de l'incommodité de la ſaiſon, que de ſa chaleur intérieure qui n'étoit pas médiocre, de ſe ſervir de l'occaſion, & de faire tous les ſoirs l'épreuve de ce ſalutaire *Lavabo*. En effet elle n'y manqua pas pendant huit jours, & trouva, que cela donnoit du luſtre à ſon embonpoint, & qu'elle en repoſoit mieux. Elle ſortoit de ſa chambre ſur les neuf heures, & preſque nuë en chemiſe, s'en alloit dans le lieu, où tout étoit diſpoſé; elle ſe défaiſoit bientôt de ſa juppe & de ſa chemiſe, & ainſi toute nuë ſe mettoit dans la Cuve, où elle ſe nettoyoit & ſe frottoit de tous côtez, d'où elle ſortoit après auſſi nette, auſſi pure, & auſſi belle qu'étoit Eve dans le Paradis Terreſtre durant l'état de ſon innocence.

Agnés. Ne fut-elle point découverte?

Angelique. Tu l'apprendras préſentement. Un ſoir que Scolaſtique ſe rafraîchiſſoit à l'ordinaire, une ancienne qui n'étoit pas encore endormie, ayant entendu marcher dans le Dortoir, à une heure que ſelon la coûtume toutes les Religieuſes devoient être retirées, ſortit de ſa chambre, & après avoir cherché inutilement la perſonne qu'elle avoit entenduë, elle entra dans le lieu, où l'on prenoit le Bain, où elle y apperçût auſſi-tôt, au clair de la Lune, une Religieuſe toute nuë, qui s'eſſuyoit avec une ſerviette, étant prête de reprendre ſa chemiſe. La bonne Vieille penſant que c'étoit l'Abbeſſe, ſe retira promptement en demandant excuſe de s'être ainſi avancée. Scolaſtique qui ne répondit rien, connut bien, que cette bonne Mere s'étoit trompée, & l'avoit priſe pour une autre. Elle s'en alla, après avoir donné le tems à l'autre de ſe retirer, & ne penſa plus à y revenir une autrefois, de crainte d'être découverte.

Agnés. Eſt-ce là, où tout ſe termina?

Angelique. Non. Les Feſſes de la pauvre Scolaſtique en auroient été bien aiſes.

Agnés. Comment ? cette belle Enfant reçût elle quelque déplaisir ?

Angelique. La vénérable Mere, dont je t'ai parlé, ayant refléchi le matin sur ce qu'elle avoit vû le soir précédent, crut qu'il étoit à propos d'aller trouver Madame, & de lui faire des excuses particuliéres de ce rencontre, qu'elle auroit pû attribuer à une mauvaise curiosité. Ce qu'elle fit malheureusement. Cela surprit tout à fait l'Abbesse, & lui fit croire, qu'elle n'avoit eu que les restes & les égouts de quelques infirmes de sa Communauté ; elle en parla le lendemain dans son Chapitre, & commanda en vertu de *Sainte Obédience* à celle qui s'étoit mise dans le Bain de le déclarer. Mais pas une de la compagnie ne parla, Scolastique n'étoit pas des plus scrupuleuses & avoit de l'esprit, c'est pourquoi elle se tût. Ce silence général mit l'Abbesse au désespoir, elle crie, elle fulmine, elle menace tout le monde, mais inutilement. Enfin par le conseil d'un Moine, elle pratiqua un plaisant stratagême. Elle fit assembler toutes ses Religieuſes, & leur repréſenta, qu'il y en avoit une d'entre elles, excommuniée, & dans l'état de damnation, pour n'avoir pas revelé ce qui lui avoit été commandé de dire, *en vertu de Sainte Obédience*; qu'un ſaint & ſavant homme lui avoit donné un moyen ſûr & infaillible, de la découvrir, mais qu'elle lui permettoit encore de parler, & d'éviter par ce moyen les rudes pénitences, qu'elle s'attireroit par ſa déſobeïſſance formelle.

Agnés. Oh Dieu! que dans cet embarras je crains pour la pauvre Scolaſtique, car tous les conſeils des Moines ſont toûjours pernicieux.

Angelique. Madame, voyant que cette derniere contrainte avoit été ſans effet, elle ſuivit l'avis, qui lui avoit été donné. Elle fit parer une table dans une chambre, d'un drap mortuaire, elle fit mettre au milieu un Calice de la Sacriſtie. Cela étant ainſi diſpoſé, elle commanda à toutes ſes Filles d'entrer l'une après l'autre dans ce lieu, & de toucher avec la main le pied du Vaſe ſacré, (c'eſt ainſi qu'elle parloit) qui étoit

étoit exposé ſur la table, que par ce moyen elle connoîtroit celle qui s'étoit jusques-là tenuë cachée, parce qu'elle n'auroit pas plûtôt mis les doigts ſur cette Coupe ſacrée, que la table tomberoit par terre, & découvriroit par une vertu ſecrette d'enhaut, celle qui ſeroit la coupable. Cela ſe fit ſur les neuf heures du ſoir & dans l'obſcurité. Elles entrerent donc toutes dans cette chambre & toucherent le pied du Calice avec la main. Scolaſtique fut l'unique qui n'oſa le faire de crainte d'être décelée, & toucha ſeulement le tapis. Après quoi elle ſe retira avec les autres dans une ſeconde chambre qui étoit auſſi ſans lumiere, d'où l'Abbeſſe les fit venir à ſoi l'une après l'autre, quand toute la cérémonie fut faite. Or il eſt à remarquer qu'elle avoit noirci le pied du Calice avec de l'huile & du noir de fumée, tellement qu'il étoit impoſſible d'y toucher ſans en porter les marques, ayant donc allumé une chandelle, dans la chambre, où elle étoit. Elle conſidéra les mains de toutes ces Religieuſes, & reconnut que toutes avoient touché la Coupe excepté Scolaſtique, qui n'avoit aucune noirceur aux doigts comme les autres de la Communauté : Cela lui fit juger, que c'étoit elle qui avoit fait la faute. Cette pauvre innocente ſe voyant ainſi trompée par un faux artifice, eut recours aux larmes & aux excuſes, & elle en fut quitte pour une couple de Diſciplines, qu'elle reçût devant toute la compagnie. Eh bien ! ce fut ſeulement cet extérieur de Religion, dont on ſe ſervoit avec impieté, qui lui fit peur, & ſi elle avoit fait un peu de réfléxion ſur l'impoſſibilité qu'il y avoit de la découvrir par un ſi ridicule artifice, elle ne l'auroit pas été.

Agnés. Il eſt vrai ; mais l'Abbeſſe devoit pardonner à ſa beauté, & à ſa jeuneſſe.

Angelique. Elle le pouvoit, mais elle ne le fit pas, & même j'ai oüi dire, que la premiére diſcipline qu'elle lui ordonna, dura près d'un quart d'heure, juge de là, en quel état pouvoient être les feſſes de cette belle Enfant ?

Agnés. Elles étoient ſans doute à peu près comme les miennes, lors que je te les fis voir. S'il ne dépendoit que de moi, je condamnerois à de perpétuelles galères le maudit Conſeiller de l'Abbeſſe : & ſi cela m'étoit ainſi arrivé, je dreſſerois tant d'embûches à ce Moine par le moyen de quelques amies du dehors, que je le ferois repentir de ſon ſtratagême.

Angelique. Crois-tu, que s'il eût penſé que Scolaſtique eût dû être châtiée pour cela, qu'il y auroit ſervi ? Non, il s'imaginoit auſſi bien que l'Abbeſſe, que c'étoit quelque vieille, ou quelque infirme, qui avoit été ſurpriſe, & c'eſt ce qui faiſoit mal au cœur de Madame, de s'être comme elle croyoit, lavée dans les ordures de telles perſonnes.

Agnés. Pour moi je croi qu'elle fut ſoulagée, quand elle connut que c'étoit Scolaſtique, qui s'étoit miſe dans ſon Bain, parce qu'on ne ſe dégoûte pas d'une jeune fille, propre & bien faite, comme tu me la repréſente. La pénitence, qu'elle reçût, me fait penſer à celle de Virginie, & aux enfans du bonnet quarré du Jesuite.

Angelique. Il faut, que je t'en fasse voir deux, que j'ai dans ma cassette, il y en a un du Pere de Raucourt, & l'autre de Virginie, tien fais la lecture de celui-ci.

Agnés. Voici quasi un caractere de fille, tout en paroit négligé.

Ah Dieu, ma chère Enfant, que ce commerce de lettres commence à m'ennuyer! il ne fait qu'augmenter mes feux, & il ne les soulage aucunement. Il m'apprend que Virginie me veut du bien, mais il me marque aussi-tôt qu'il m'est impossible d'en jouïr. Ah que ce mélange de douceur & d'amertume cause d'étranges mouvemens dans un cœur fait comme le mien. J'avois bien ouï dire, que l'Amour donnoit quelquefois de l'esprit à ceux qui en étoient dépourvûs, mais je ressens chez moi un effet tout contraire, & je puis dire avec vérité, qu'il m'ôte ce qu'il présente aux autres. Plusieurs s'apperçoivent de ce changement, mais ils en ignorent la cause. Je prêchai hier chez les Réligieuses de la Visitation, jamais je n'ai été plus animé, je devois conformément à mon ſujet entretenir la Compagnie de la Mortification & de la Pénitence, & je n'ai parlé dans tout mon Diſcours, que d'Affections, que de Tendreſſes, que de Saillies & de Tranſports. C'eſt vous, Virginie, qui cauſez tout ce déſordre, prenez donc compaſſion de mon égarement, & travaillez à trouver promptement le moyen de me remettre dans mon bon ſens. Adieu.

Angelique. Eh bien, *Agnés*, que dis-tu de cet Enfant fait à la hâte ?

Agnés. Je le trouve digne de ſon Pere, & capable tout nud qu'il eſt d'habit & d'ornement, de ſe conſerver non ſeulement un Cœur qu'il poſſede, mais même d'y exciter de nouveaux mouvemens.

Angelique. Tu as raiſon, car en Amour le ſtile le plus négligé eſt toûjours le plus perſuaſif, & ſouvent toute l'éloquence d'un Orateur, ne pourroit faire naître dans une ame ces doux tranſports, qui ne ſont que les effets d'un terme peu relevé, mais expreſſif. C'eſt une vérité, dont je puis rendre témoignage, puisque je l'ai éprouvé plusieurs fois dans moi-même. Mais voyons un peu, si Virginie s'exprime aussi bien que son Amant.

Agnés. Donnez-moi la lettre, que j'en fasse la lecture.

Angelique. Tien la voilà, c'est plûtôt un billet qu'une lettre, car le tout n'est composé que de cinq ou six lignes.

Agnes. Son caractere n'est guere different du mien.

Ah que vous êtes artificieux dans vos paroles, & que vous savez bien troubler le peu de repos, qui reste à une innocente, qui vous aime! Pouvez-vous avec raison me demander, si je pense à vous? Hélas, mon cher, consultez-vous vous-même, & croyez que nous ne pouvons tous deux être animez d'une même passion, sans ressentir de pareilles atteintes. Adieu, songez à la rupture de nos chaînes, l'Amour me rend capable de toute entreprise. Ah qu'il me cause de foiblesse! Adieu.

Angelique. N'est-il pas vrai, que tu trouve ce billet bien plus tendre que la lettre?

Agnés. Assurement. On peut dire, qu'il est tout cœur, & que deux ou trois périodes expriment autant la disposition de l'ame d'une Amante, que le feroient deux pages d'un Roman. Mais je ne vois pas, que ce soit une réponse à celle que nous avons luë du Pere de Raucourt.

Angelique. Non, ce n'en est pas une, c'est celle d'un autre, qu'on ne m'a pas envoyée.

Agnés. Le malheur de ces deux pauvres Amans me touche; sur tout je porte une extrême compassion aux déplaisirs de Virginie, car sans doute elle passe le tems à présent dans beaucoup de chagrin, & mène une vie bien ennuyeuse.

Angelique. Si elle n'eût point conservé les lettres & les billets, qui lui étoient adressez, elle ne seroit pas si malheureuse, car on n'auroit pas découvert le dessein qu'elle avoit de sortir du Monastere.

Agnés. C'est donc sans doute de cela qu'elle parle, quand elle dit dans son billet: *Pensez à la rupture de nos chaînes*; je n'aurois pas donné le véritable ſens à ces paroles. Oh qu'elle auroit été malheureuſe, la pauvre Enfant, ſi elle eut fait cette méchante démarche! hélas, dequoi l'Amour n'eſt-il point capable, quand il ſe voit combattu?

Angelique. Si-tôt que le Recteur des Jéſuites eut appris ce qui ſe paſſoit, par la lettre qu'il trouva dans le Bonnet, il en donna avis à la Supérieure, qui alla auſſi-tôt avec ſon Aſſiſtante viſiter la chambre de Virginie, ou elle trouva dans la caſſette une infinité de Billets & d'autres bagatelles, qui lui firent connoître la vérité de ce qu'elle n'auroit pû croire, ſi elle ne l'avoit vû; comme elle aimoit beaucoup Virginie, elle ne fit paroître dans ces procédures, que ce qu'elle ne pût cacher, & modéra le châtiment, que les Conſtitutions preſcrivoient.

Agnés. Le Jéſuite a été plus heureux, puis qu'il en a été quitte pour changer de Province.

Angelique. Oh que ces affaires ne ſe font pas paſſées ſi doucement que tu t'imagines, il est à présent hors de la Compagnie. Tu sauras, que comme dans la Societé tout roule & n'est établi que sur l'estime & la réputation, il est impossible à un homme d'honneur d'y rester, après qu'il l'a perdu par quelque accident, dans l'esprit de ses Conf.eres, ces deux choses, qui flatent si agréablement l'ambition des hommes. Le Pere de Raucourt se voyant donc déchû par le malheur, que tu sais, de ce degré de gloire, qu'il s'étoit aquis par ses mérites, & où il s'étoit toûjours conservé par sa prudence, fit peu de cas de l'indulgence, que ses Supérieurs lui offroient, & ne pensa plus qu'à les abandonner, ce qu'il a fait depuis quelque tems & s'est retiré en Angleterre.

Agnés. Mais que peut faire dans un païs étranger un homme, qui n'a point d'autres biens, que la science, & qui n'a que la Philosophie pour partage?

Angelique. Ce qu'il peut faire? il peut par son esprit se rendre plus utile à la République, si elle le veut employer ; que tous les Artisans, qui la composent. Il peut par ses Ecrits donner de la vigueur aux Loix les plus opposées à l'inclination du peuple, il peut porter la gloire d'une Nation dans les lieux les plus éloignez. Enfin il est peu d'emploi, qu'il ne puisse dignement remplir, & dont l'Etat ne puisse tirer de grands fruits. Comme ce que je dis, n'est pas hors de raison, il n'est pas aussi sans exemple, & j'ai appris d'un Dominicain, qu'un mécontent de leur Ordre étoit à la Cour de ce Royaume, où de Raucourt s'est retiré, & qu'il y faisoit très-belle figure, en qualité de Résident ou d'Envoyé d'un Prince d'Allemagne.

Agnés. Sans doute qu'il auroit conduit Virginie dans ce païs, s'ils fussent venus à bout de leurs desseins. Hélas, qu'il y auroit peu de Reclus & de Recluses, si on donnoit le tems à ceux & à celles, qui entrent dans les Cloîtres, de réfléchir sur les avantages d'une honnête liberté, & sur les ſuites fâcheuſes d'un funeſte engagement.

Angelique. Pourquoi parles-tu de la ſorte ? ne pouvons-nous pas goûter des plaiſirs auſſi parfaits dans l'enceinte de nos murailles, comme ceux qui ſont au dehors ? Les obſtacles, qui s'y oppoſent, ne ſervent qu'à les rendre de meilleur goût, quand après les avoir adroitement ſurmontez, nous poſſédons ce que nous avons deſiré : Ce ſeroit être, & malin, & ingrat, que de cenſurer les divertiſſemens des Moines & Moineſſes, car je dirois à ces gens-là, n'eſt-il pas vrai, que la continence eſt un don de Dieu, duquel il gratifie, qui il lui plaît, & dont il ne fait pas largeſſe à ceux qu'il n'en veut pas honorer. Cela ſuppoſé, il ne fera rendre compte de ce préſent qu'à ceux, à qui il l'aura donné.

Agnés. Je conçois bien la force de cette raiſon, mais on pourroit dire, que les Vœux, par leſquels nous nous y engageons ſolemnellement, nous en rendent reſponſables devant lui.

Angelique. Et ne vois-tu pas bien, que ces Vœux-là, que tu fais entre les mains des hommes, ne sont que des chansons? Peux-tu avec raison t'obliger à donner ce que tu n'as pas? & ce que tu ne peux avoir, s'il ne plaît à celui à qui tu l'offre de te l'accorder? Juges de-là, de la nature de nos engagemens, & si à la rigueur nous sommes tenuës selon Dieu, à l'effet de nos promesses, puis qu'elles renferment en elles une impossibilité morale. Tu ne peux rien dire, qui détruise ce raisonnement?

Agnès. Il est vrai, & c'est ce qui doit nous mettre l'esprit en repos?

Angelique. Pour moi, je te puis dire, que rien ne me chagrine, je passe le tems dans une égalité d'esprit, qui me rend insensible aux peines, qui fatiguent les autres. Je vois tout, j'écoute tout, mais peu de choses sont capables de m'émouvoir, & si mon repos n'est troublé par quelque indisposition corporelle, il n'y a personne qui puisse vivre avec plus de tranquillité que moi.

Agnés. Mais dans une conduite si opposée à celle des autres Cloîtres que pensez-vous de la disposition de leur ame, & ces actions qui sont suivies comme ils prêchent, de tant de mérites ne vous tentent-elles point par l'espérance qu'elles proposent. On pourroit nous dire, que le libertinage est souvent capable de nous fournir des raisons pour nous perdre. Car qu'y a-t-il de plus saint que la méditation des choses célestes, à laquelle ils s'employent? qu'y a-t-il de plus louable que cette haute piété qu'ils mettent en pratique, les jeunes & les austéritez, dont ils se mortifient, peuvent-elles passer pour des œuvres infructueuses?

Angelique. Ah, mon enfant, que ces objections sont foibles! Il faut que tu sache qu'il y a bien de la différence entre la licence, & la liberté: dans mes actions je me tiens souvent sur la pente de celle-ci, mais je ne me laisse jamais tomber dans le désordre de celle-là. Si je ne donne point de bornes à ma joye & à mes plaisirs, c'est parce qu'ils sont innocens, & qu'ils ne blessent jamais par leur excès les choses pour lesquelles je dois avoir de la vénération. Mais tu veux bien, que je te dise ce que je pense de ces fous melancoliques, dont les maniéres te charment? Sais-tu que ce que tu appelles contemplation des choses divines, n'est dans le fonds qu'une lâche oisiveté, incapable de toute action? que les mouvemens de cette pieté héroïque, que tu fais eclater, ne procédent que du désordre d'une raison altérée? & que pour trouver la cause générale qui les fait se déchirer comme des desespérez, il la faut chercher dans les vapeurs d'une humeur noire, ou dans la foiblesse de leur cerveau?

Agnés. Je prens tant de plaisir à entendre tes raisons, que je t'ai proposé tout exprès comme un difficulté ce qui ne me faisoit souffrir aucun doute? mais j'entends la cloche qui nous appelle.

Angelique. C'est pour aller au Refectoire. Après le diner nous pourrons continuer nos entretiens.

Fin du Second Entretien.

VENUS DANS LE CLOITRE, OU LA RELIGIEUSE EN CHEMISE.

TROISIEME ENTRETIEN.

Sœur *Agnés*. Sœur *Angelique*.

Agnés. AH, que la beauté du jour est agréable! cela me réveille tous les esprits. Retirons-nous toutes deux dans cette allée, afin de nous éloigner de la compagnie des autres.

Angelique. Nous ne pouvions pas trouver dans tout le Jardin un lieu plus propre à la promenade, car les arbres, qui l'environnent, nous donne- ront autant d'ombre, qu'il en faut pour n'être pas exposées à la chaleur du Soleil.

Agnés. Il eſt vrai : mais il eſt à craindre, que *Madame* ne vienne pour s'y recréer, car c'eſt ici l'endroit qu'elle choiſit le plus ſouvent pour prendre l'air après le repas.

Angelique. N'appréhende pas qu'elle nous chaſſe d'ici, elle eſt à préſent incommodée, & ſi tu ſavois la cauſe de ſon indiſpoſition, tu rirois trop.

Agnés. Elle ſe portoit pourtant bien hier ?

Angelique. Aſſurément! Le mal ne lui eſt arrivé que cette nuit, & il faut que tu ayes dormi d'un profond ſommeil, pour ne t'être pas apperçûë, comme par ſes cris, elle a mis tout le Dortoir en allarme; j'avois deſſein de m'en divertir avec toi, quand je t'ai été trouver ce matin, mais inſenſiblement nôtre converſation nous en a éloignée.

Agnés. Il eſt vrai, que je n'apprens les nouvelles que quand elles ſont publiques.

Angelique. Tu ſais, que *Madame* fait un de ces principaux plaiſirs, de nourrir toutes ſortes d'Animaux, & qu'elle ne ſe contente pas d'avoir une infinité d'oiſeaux de toutes ſortes de païs, qu'elle a encore rendu domeſtiques juſques à des Tortuës & des Poiſſons. Comme elle ne ſe cache point de cette folie, & que tous ſes amis ſavent, que cette occupation eſt le charme de ſa ſolitude, ils s'efforcent tous à contribuer à ſon divertiſſement en lui faiſant preſent tantôt d'une bête, tantôt d'une autre. L'Abbé de Saint Valery ayant appris, qu'elle avoit même rendu, comme on lui avoit mandé, des Carpes & des Brochets familiers. Il lui envoya il y a quatre jours deux Macreuſes en vie, & deux groſſes Ecreviſſes de Mer, pareillement vivantes. Après avoir fait couper les aîles à ces demi-Canard, elle les fit jetter dans le Vivier, & voulut donner toute ſon application à élever les Ecreviſſes. Pour cette raiſon elle fit apporter dans sa chambre une petite cuvette de bois qu'elle fit remplir d'eau, & où elle mit ces Langoustes, (c'est ainsi qu'on appelle ces animaux.) J'aurois de la peine à t'exprimer tous les soins qu'elle apportoit pour leur conservation, jusques à leur jetter des douceurs & des pistaches. Enfin elle ne vouloit les nourrir que des viandes les plus délicates.

Agnés. Ces sortes de passe-tems sont innocens, & sont excusables dans la jeunesse.

Angelique. Hier au soir par un malheur, Sœur Olinde, qui avoit ordre de changer tous les jours l'eau de la cuve pour le rafraîchissement des poissons, s'en oublia; c'est ce qui causa tout le désordre. Tu sauras, que la nuit derniere ayant été fort chaude, une de ces Langoustes, qui se trouvoit incommodée de la chaleur, qu'elle ressentoit, sortit de la cuve, & se traîna assez long-tems par la chambre, jusques à ce que se voyant sans soulagement, elle recherch a l'eau, qu'elle avoit quittée comme son plus naturel élément. Mais comme il lui avoit été bien plus facile de descendre que de monter, elle fut obligée de recourir à l'eau du pot de chambre de *Madame*, où sans examiner, si elle étoit douce ou salée, elle s'y posta. Quelque tems après nôtre Abbesse eut envie de pisser, & à demi endormie, & sans sortir du lit, elle prit son urinal; mais hélas, elle pensa mourir de frayeur, cette Ecrevisse, qui se sentit arrosée d'une pluye un peu trop chaude, se lança vers le lieu d'où elle sembloit partir, & le serra si vivement avec une de ses pattes, qu'elle y a laissé les marques pour plus de trois jours.

Agnés. Ah, ah, ah, que cette avanture est plaisante!

Angelique. Dans le moment elle fit un cris qui éveilla toutes ses voisines, elle jetta le pot de chambre par terre, & se levant promptement appella tout le monde à son aide. Cependant cet animal, qui n'avoit jamais trouvé de morceau si délicat & plus friand, ne quittoit point sa prise. La Mere Assistante & Sœur Cornélie furent les plus promptes à se lever, elles eurent bien de la peine à s'empêcher de rire, à la vuë d'un tel spectacle; mais elles se retinrent néanmoins le mieux qu'elles pûrent, & furent obligées de couper la patte de cette bête sacrilège, qui n'abandonna point sa proye jusques à ce tems-là. La Mere Assistante se retira, & Sœur Cornélie qui est la confidente de Madame, passa le reste de la nuit avec elle pour la consoler. Voilà la cause de l'indisposition de nôtre Abbesse, & ce qui l'empêchera apparemment de venir interrompre nos entretiens.

Agnés. Ah! je n'oserois paroître, si un semblable accident m'étoit arrivé & qu'il fut venu à la connoissance des autres.

Angelique. Vraiment il y a bien là dequoi être honteuse. Elle ne fit rien voir qu'elle n'ait souvent montré à d'autres, & les Chevaliers de l'ordre ont mis plusieurs fois la main, où l'Ecrevisse porta sa patte.

Agnés. Qui est celui qui est son meilleur ami?

Angelique. Je ne sai pas quel il est, mais je sai bien qu'un Jésuite la visite fort souvent, & qu'il a eu avec elle des privautez, qui font connoître qu'il est des Cordons Bleus. Je l'apperçûs un jour avec lui dans un entretien fort allumé, & une autrefois qu'elle sortoit d'avec le même personnage, je trouvai dans le Parloir, qu'elle venoit de quitter, une serviette fine, humectée dans de certains endroits d'une liqueur un peu visqueuse, elle l'avoit laissée tomber proche de la fenêtre, je remarquai seulement que cette perte lui donna un peu d'inquiétude.

Agnés. Qu'a-t-elle à appréhender, l'Evêque de qui elle dépend uniquement est à sa discrétion, & dans la visite qu'il a faite de ce Monastere, il n'a rien ordonné que ce qu'elle lui avoit auparavant prescrit.

Angelique. Il est vrai. Elle est maîtresse de tout, & les Directeurs & Confesseurs ne sont reçûs & changez que par son ordre.

Agnés. Ah, que je souhaiterois de tout mon cœur, que le Confesseur ordinaire, que nous avons à présent, lui déplût comme à moi. Qu'en dis-tu?

Angelique. Il est vrai, qu'il est fort austere, & qu'il est capable de faire bien de la peine à celles qui ne savent pas se conduire, mais à nous autres cela nous doit être bien indifférent, que ce soit lui ou un moins rigoureux, qui nous entende.

Agnés. Pour moi je ne puis lui dire la moindre peccadille, qu'il ne s'emporte. Pour une pensée, dont je m'accuserai, il m'ordonnera des mortifications & des penitences horribles, & me fera jeûner deux jours pour le moindre mouvement de la chair dont je me confesserai. Outre que je ne sai la plûpart du tems de quoi l'entretenir, de crainte de lui dire quelque chose qui le choque. Et je ne puis concevoir, comment tu fais, toi qui le tiens si longtems?

Angelique. Eh crois-tu, que je suis si sotte de lui déclarer le secret de mon cœur? bien loin de cela, comme je le connois tout à fait rigide, je ne lui dis que les choses sur lesquelles il n'y a point de prise. Il ne peut conclure de tout ce qu'il apprend de moi, sinon que je suis une fille d'oraison & de contemplation, qui ne connoît point tous les mouvemens d'une Nature corrompuë, ce qui fait qu'il n'ose pas même m'interroger sur cette matiére. La pénitence la plus rude, que j'ai reçûë, c'est cinq *Pater noster* & *les Litanies*.

Agnés. Mais encore, que lui dis-tu donc? car pour avoir rompu le silence, ou raillé une personne de la Communauté, (ce qui n'est rien) il me prônera un quart d'heure?

Angelique. Toutes ces fautes-là étant designées en particulier, avec leurs circonstances, de légeres, elles deviennent quelquefois plus considérables; & c'est ce qui te rend sujette à sa reprehension. Mais tien, voici comme je m'y prens, écoute ma derniére confession. Après lui avoir demandé bien humblement sa bénédiction, la vuë baissée, les mains jointes, & le corps à demi courbé; je commence de la sorte:

Mon Pere, je suis la plus grande pécheresse du monde, & la plus foible des créatures, je tombe presque toujours dans les mêmes défauts.

Je m'accuse d'avoir troublé la tranquillité de mon ame, par des divagations universelles, qui m'ont mis l'intérieur en désordre.

De n'avoir pas eu assez de recueillement d'esprit, & de m'être trop épanchée dans des occupations extérieures.

De m'être trop arrêtée aux opérations de l'entendement, y passant la plûpart de mon oraison, au préjudice de ma volonté, qui en est demeurée séche & stérile.

De m'être une autre fois laissée d'abord lier aux affections, & exposée par là à des distractions fâcheuses, & à une oisiveté d'esprit, contraire à la perfection méthodique des contemplatifs.

D'avoir trop conservé en moi, tout ce qui étoit de moi, sans dégager mon cœur de toutes les choses créées, par un acte généreux d'anéantissement, d'amour propre, intérêts, desirs, & volontez, & de tout moi-même.

D'avoir fait une offrande de mon cœur, sans l'avoir tranquillisé auparavant, & dénué du trouble des passions trop remuantes, & des affections mal réglées.

De m'être trop laissée emporter aux inclinations du vieil homme, & au penchant de la nature non réparée, au lieu de faire divorce avec tout, pour gagner tout.

De n'avoir pas été ſoigneuſe de me renouveller par une revuë de moi-même, en moi-même, & de faire en moi la réparation de ce qui étoit déchû de moi, &c.

Et bien, *Agnés*, tu peux juger de la piece par l'échantillon. Ce n'eſt pas là le tiers de ma Confeſſion, mais le reſte ne me rend pas plus criminelle que ce commencement.

Agnés. Il eſt vrai, que je ſerois bien empechée, ſi je devois ordonner des pénitences à des péchez ſi ſpirituellement débitez : C'eſt néanmoins là l'unique moyen de tromper la curioſité de jeunes Directeurs, & d'éviter la reprimande des vieux.

Angelique. Ces derniers ſont ordinairement les moins traitables, car je n'en ai guères vû de jeunes, depuis que je ſuis dans la Communauté, qui n'ayent été aſſez indulgens.

Agnés. Il eſt vrai, qu'ils n'ont pas tous les mêmes rigueurs, témoin celui qui mit la dévotion ſi avant dans l'ame de deux de nos Sœurs, qu'elles s'en trouverent fort incommodées neuf mois après.

Angelique. Ah Dieu ! qu'il a fallu d'adresse pour cacher cela comme on a fait, & pour empêcher qu'il ne fut sçu du dehors. L'Evêque même n'en a pas eu de connoissance que lors qu'on ne pouvoit plus en donner de preuve. Cela me fait souvenir d'un Jésuite Italien, qui confessant un jour un jeune Gentilhomme françois, qui avoit appris la langue du païs, fit une Exclamation sans y penser, qui fit paroître sa foiblesse. Le pénitent s'accusoit, d'avoir passé la nuit avec une fille des premieres maisons de Rome, & d'en avoir joui selon ses desirs. Le bon Pere regardant attentivement celui qui lui parloit, qui étoit beau garçon & très-bien fait, s'oublia du lieu qu'il occupoit, & s'imaginant être dans une conversation libre, tant il étoit transporté; il demanda au jeune homme, si cette fille étoit belle, quel âge elle pouvoit avoir, & combien il l'avoit fait avec elle? Le François ayant répondu, qu'il l'avoit trouvée d'une beauté achevée, qu'elle n'avoit que dix-huit ans, & qu'il l'avoit baisé trois fois. *Ah che gusto Signor!* s'écria-t il pour lors assez hautement. C'est-à-dire : Ah que ce plaisir étoit grand!

Agnés. Cette saillie n'étoit pas mal plaisante, & très-capable d'exciter le cœur du pénitent à la repentance d'une telle faute.

Angelique. Que veux-tu? ce sont des hommes comme les autres : & j'ai ouï dire à un de mes amis, qui étoit dans ces sortes d'emplois, que souvent un Confesseur ne s'exposeroit pas tant à l'incontinence en allant au Bordel, comme en entendant ce que les Dévotes lui disent à l'oreille.

Agnés. Pour moi, je trouverois ce me semble cette occupation assez divertissante, pourvû qu'il me fut permis, de faire le choix de mes pénitens : je prendrois plaisir à les entendre, & mon imagination seroit vivement frappée, par le récit qu'ils me feroient de leurs sottises. Ce qui ne pourroit être sans une grande satisfaction de mon côté.

Angelique. Hélas, mon enfant! tu ne sais ce que tu demandes, si une Dévote donne un peu de plaisir à un Confesseur par le récit ingénu de ses foiblesses, il y en a mille qui les fatiguent par leurs redites, qui les accablent par leurs scrupules, & qu'ils tireroient plus facilement d'un abîme, que de leurs doutes. Sœur Dosithée a été plus de trois ans à occuper presque toute seule par ses questions le Directeur commun de la maison, il avoit beau lui répresenter que ces recherches curieuses, par lesquelles elle gênoit sa conscience, ne croyant jamais avoir apporté assez de soin pour s'examiner, étoient non-seulement inutiles, mais même vicieuses & contraires à la perfection. Il ne pût rien gagner sur elle, & fut obligé de l'abandonner à elle-même, & de la laisser dans son erreur.

Agnés. Il me semble néanmoins qu'elle est à présent fort raisonnable, & je me souviens qu'une fois que nous fûmes obligées de coucher toutes deux ensemble, pendant qu'on élevoit nôtre Dortoir, elle me tint des discours, non seulement fort éloignez du scrupule, mais même que je trouvois en ce tems là un peu trop libres, outre mille badineries, auxquelles elle m'excita par le récit de cent Histoires les plus lubriques, & les plus lascives du Monde.

Angelique. Je vois bien, que tu ne sai pas, comment elle étoit sortie des ténébres, où la superstition l'avoit plongée si avant : son Confesseur n'a eû aucune part à sa délivrance. On peut dire, que c'est la dévotion même qui a produit ce changement, & qui d'une fille extrêmement scrupuleuse, en a fait une Religieuse tout à fait raisonnable. Je veux te raconter ce que j'en ai appris par son rapport.

Agnés. Je ne conçois pas cela. Car de dire, que la dévotion puisse défaire une personne de ses scrupules, c'est-à-dire, qu'un aveugle est capable d'en tirer un autre d'un précipice.

Angelique. Ecoute moi seulement, & tu connoîtras que je ne t'avance rien qui ne soit véritable. Sœur Dosithée comme on peut remarquer à ses yeux, est née d'une compléxion la plus tendre & la plus amoureuse du monde. Cette pauvre enfant à son entrée en Religion, tomba entre les mains d'un vieux Directeur ignorant au ſuperlatif, & d'autant plus ennemi de nature que ſon âge le rendoit inhabile à tous les plaiſirs qu'elle propoſe. Reconnoiſſant donc, que le penchant de ſa Pénitente étoit du côté de la chair, & que les foibleſſes, dont elle s'accuſoit tous les jours, en étoient une preuve aſſurée. Il crût qu'il étoit de ſon devoir de reformer cette nature, qu'il appelloit corrompuë, & qu'il lui étoit permi de s'ériger en ſecond Reparateur. Pour venir à bout de ce deſſein, il jetta d'abord dans ſon ame toutes les ſemences de ſcrupules, de doutes, & de peines de conſcience qu'il ſe pût imaginer. Il le fit avec d'autant plus de ſuccès, qu'il y trouva beaucoup de diſpoſition, & que les confeſſions ingénuës de cette innocente lui avoient fait connoître l'extrême tendreſſe, ou elle étoit pour ce qui regardoit ſon ſalut.

Il lui fit donc la peinture du chemin du Ciel avec des couleurs ſi rudes, qu'elles auroient été capables de rebuter de ſa pourſuite une perſonne moins zèlée & moins fervente qu'elle, il ne lui parloit que de la deſtruction de ce corps qui s'opposoit à la joüissance de l'esprit, & les pénitences horribles, dont il l'accabloit, étoient selon lui des moyens absolument nécessaires, sans lesquels il étoit impossible d'arriver dans cette céleste Jérusalem.

Dosithée n'étant pas capable de se défendre de ces argumens, se laissa aveuglément conduire par la dévotion indiscrette, dont elle devint infatuée; la simple pratique des Commandemens de Dieu ne passa plus chez elle pour être de grand prix auprès de lui; il falloit que les œuvres de surérogation l'accompagnassent, & encore avec tout cet attirail, elle étoit toûjours dans une crainte continuelle des peines de l'autre monde, dont elle étoit si souvent menacée. Comme il est impossible ici-bas de détruire en nous ce qu'on appelle connoissance, elle n'étoit jamais en paix avec soi-même, c'étoit une guerre sans relâche qu'elle faisoit imprudemment à son pauvre corps, & les combats atroces qu'elle lui livroit, étoient rarement suivis de quelque courte tréve.

Agnés. Hélas, qu'elle étoit à plaindre, & qu'elle m'auroit fait de compassion, si je l'avois vuë dans cet égarement.

Angelique. Comme son naturel amoureux causoit selon elle les plus grands défauts ; elle ne négligeoit rien de tout ce qui pouvoit éteindre ses feux les plus innocens ; les jeûnes, les haires, & les cilices étoient mis en usage, & le changement d'un Directeur plus raisonnable que le premier, ne pût apporter la moindre diminution à sa folie : elle fut quatre ans entiers dans cet état, & y seroit toûjours restée sans un trait de dévotion qui l'en tira. Entre les conseils qu'elle avoit reçûs de son ancien Confesseur, elle en pratiquoit un avec une régularité sans égale. C'étoit de recourir à un tableau de saint Alexis, miroir de chasteté, qui étoit à son Oratoire, & de s'y prosterner lors qu'elle se verroit pressée de la tentation, ou qu'elle ressentiroit en elle-même ces mouvemens, dont elle s'accusoit si souvent. Un jour donc qu'elle se trouva plus émûë qu'à l'ordinaire,

naire, & que la nature la combattoit plus vivement que de coûtume, elle eut recours à son Saint, elle lui représenta les larmes aux yeux, la face en terre, & le cœur porté vers le Ciel, l'extrême danger, où elle se trouvoit, lui raconta avec une candeur & une simplicité merveilleuse, combien inutilement elle s'étoit défenduë, & avoit fait ses efforts pour reprimer les violens transports qu'elle ressentoit.

Elle accompagna sa priére de pénitence & de discipline, qu'elle prit en presence de ce bien-heureux pellerin. Mais comme on rapporte de lui, qu'il ne fut aucunement touché de la beauté de sa femme la premiére nuit de ses nôces, qu'il abandonna; le beau corps de cette innocente exposé nû devant lui, ne fit aucune impression sur son esprit, & les coups, dont elle le chargeoit si vivement, ne le portérent aucunement à en avoir compassion. Après s'être ainsi déchirée elle se recommanda de nouveau à ce bon Romain, & se retira comme victorieuse pour aller vaquer avec tranquillité à des exercices moins fatigans.

Agnés. Ah Dieu! que la superstition fait de ravage dans une ame, lors qu'elle s'en est emparée!

Angelique. A peine Dosithée fut-elle sortie de sa chambre, qu'elle se sentit le corps tout en feu, & l'esprit porté à la recherche d'un plaisir qu'elle ne connoissoit point encore. Un chatoüillement extraordinaire anima tous ses sens, & son imagination se remplissant de mille idées lascives, laissa cette pauvre Religieuse à demi vaincuë. Dans ce pitoyable état elle retourne à son Intercesseur, elle redouble ses priéres, & le conjure par tout ce que la dévotion peut avoir de plus sensible, à lui accorder le don de continence, sa ferveur n'en demeura pas là, elle prit encore les instrumens de pénitence en main & s'en servit pendant un quart d'heure avec une ardeur la plus folle, & la plus indiscrette du monde.

Agnés. Eh bien cela la soulagea-t-il un peu?

Angelique. Hélas bien loin de cela, elle se retira de son Oratoire encore plus transportée de l'amour qu'auparavant. Vêpres sonnérent, elle eut beaucoup de peine à y assister tout au long. Des étincelles de feu lui sortoient des yeux & sans savoir ce qu'elle souffroit j'admirois son instabilité, & comme elle étoit dans un mouvement continuel.

Agnés. Mais d'où provenoit cela?

Angelique. Cela étoit causé par l'ardeur extrême qu'elle ressentoit par tout le corps, & sur tout aux parties, où elle s'étoit disciplinée. Car il faut que tu saches que bien loin que ces sortes d'exercices eussent été capables d'éteindre les flammes qui la consumoient, au contraire ils les avoient augmentées de plus en plus, & avoient réduit cette pauvre Enfant dans un état à ne pouvoir quasi plus y resister. Cela est facile à concevoir, d'autant que les coups de fouët qu'elle s'étoit donnez sur le derriére, ayant excité la chaleur dans tout le voisinage, y avoient porté les esprits les plus purs & les plus subtils du ſang, qui pour trouver une iſſuë conforme à leur nature toute de feu, aiguillonnoient vivement les endroits, où ils étoient aſſemblez, comme pour y faire quelque ouverture.

Agnés. Le combat dura-t-il long-tems ?

Angelique. Il commença & fut terminé dans une journée, ſi-tôt que vêpres furent achevées, comme ſi Doſithée n'avoit pas pû s'adreſſer directement à Dieu, elle s'en alla ſe proſterner derechef devant ſon Oratoire, elle prie, elle pleure, elle gemit, mais toûjours inutilement. Elle ſe ſent plus preſſée que jamais, & pour inſulter de nouveau à cette nature opiniâtre elle prend le foüet en main & relevant ſes jupes & ſa chemiſe juſqu'au nombril, & l'attachant d'une ceinture, elle outrage avec violence ſes feſſes, & cette partie, qui lui cauſoit tant de peine, qui étoient toutes à découvert. Cette rage ayant duré quelque tems les forces lui manquerent pour ce cruel exercice, elle n'en eut pas même aſſez pour détacher ſes habits, qui l'expo-

ſoient à demi nuë, elle s'appuya la tête ſur ſa couche, & faiſant réfléxion ſur la condition des hommes qu'elle appelloit malheureuſe, de ce qu'ils étoient nez avec des mouvemens, que l'on condamnoit, quoiqu'il fût preſque impoſſible de les reprimer. Elle tomba en foibleſſe, mais ce fut une foibleſſe amoureuſe, que la fureur de la paſſion cauſe, & qui fit goûter à cette jeune Enfant un plaiſir, qui la râvit juſques au Ciel. Dans ce moment la nature uniſſant toutes ſes forces, briſa tous les obſtacles, qui s'oppoſoient à ſes ſaillies, & cette Virginité, qui juſques là avoit été captive, ſe délivra ſans aucun ſecours avec impétuoſité, en laiſſant ſa gardienne étenduë par terre pour marque évidente de ſa défaite.

Agnés. Ah Dieu, j'aurois voulu être préſente !

Angelique. Hélas, quel plaiſir aurois-tu eu ? Tu aurois vû cette innocente à demi nuë pouſſer des ſoupirs dont elle ignoroit la cauſe ! Tu l'aurois vûë dans une extaſe les yeux à demi mourans, ſans force ni vigueur, ſuccomber ſous les loix de la nature toute pure, & perdre malgré ſes ſoins ce tréſor, dont la garde lui avoit donné tant de peine.

Agnés. He bien, c'eſt en quoi j'aurois pris du plaiſir, de la conſidérer ainſi toute nuë, & de remarquer curieuſement tous les tranſports, que l'amour lui auroit cauſé au moment qu'elle fut vaincuë.

Angelique. Si-tôt que Doſithée fut revenuë de cette ſincope, ſon eſprit qui n'étoit auparavant enſeveli que dans d'épaiſſes ténébres, ſe trouva à l'inſtant développé de toute ſon obſcurité, ſes yeux furent ouverts, & refléchiſſant ſur ce qu'elle avoit fait, & ſur le peu de vertu de ſon ſaint qu'elle avoit tant invoqué; elle connut qu'elle avoit été dans l'erreur, & s'éleva ainſi de ſa propre force par une métamorphoſe ſurprenante, au-deſſus de toutes les choſes qu'elle n'oſoit auparavant regarder, & n'eut plus que du mépris pour celles, qui avoient fait ſon plus grand attachement.

Agnés. C'eſt-à-dire, que de ſcrupuleuſe elle devint indévote, & qu'elle ne fit plus d'offrande à tous *les Sanctarelles* qu'elle adoroit auparavant.

Angelique. Tu prens mal les choſes. On peut ſe défaire de la ſuperſtition ſans tomber dans l'impiété ; c'eſt ce que fit Doſithée ; elle apprit par ſon expérience, que c'étoit au ſouverain Médecin qu'il falloit recourir dans ſes foibleſſes ; que les tentations n'étoient pas dans la puiſſance des Fidèles, & que dans l'ame la plus ſoûmiſe il s'élevoit ſouvent des penſées & des mouvemens involontaires, qui ne faiſoient pas ſeulement le moindre défaut. Tu vois, comme je ne t'ai rien dit que de véritable, quand je t'ai aſſûrée que c'étoit la dévotion qui l'avoit tirée de ſes ſcrupules.

Il en arriva preſque le même à une Religieuſe Italienne, qui après s'être proſternée fort ſouvent devant la figure d'un Enfant nouvellement né qu'elle appelloit ſon petit Jéſus, & l'avoit conjuré pluſieurs fois de lui accorder la même choſe, par ces tendres paroles, qu'elle proféroit avec une affection extraordinaire. *Dolce Signore mio*

Giesù, fate-mi la gratia &c. voyant que toutes ses priéres étoient sans effet, elle crût que l'enfance de celui qu'elle invoquoit, en étoit la cause, & qu'elle trouveroit mieux son compte en s'adressant à l'image du Pere Eternel, qui le représentoit dans un âge plus avancé, elle alla donc retrouver son petit Signor, à qui elle reprocha son peu de vertu, lui protestant, qu'elle ne s'amuseroit jamais à lui ni à aucun Enfant de sa sorte, & le quitta ainsi en lui appliquant ces paroles du proverbe : *Chi s'impaccia con Fanciulli, con Fanciulli si ritrova.* Refléchis un peu, jusques où va la superstition, & à quelle extrêmité de folie l'ignorance nous conduit quelquefois.

Agnés. Il est vrai, que cet exemple en est une preuve sensible, & que la simplicité de cette Religieuse est sans égale. Les Italiennes ne passent pas néanmoins pour sottes, on dit qu'elles ont infiniment de l'esprit, & que peu de choses sont capables de les arrêter & d'échapper à leur pénétration.

Angelique. Cela eſt vrai communément parlant, mais il s'en trouve toûjours quelqu'unes, qui ne ſont pas ſi éclairées que les autres. Outre que ce n'eſt pas toûjours une marque de ſtupidité que d'avoir des ſcrupules & des doutes. Car il faut que tu ſaches, ma chere Agnés, (qu'hors les choſes de la Religion) il n'y a rien de certain ni d'aſſuré dans ce monde, il n'y a point de parti qui ne puiſſe ſe ſoûtenir, & que nous n'avons pour l'ordinaire que des idées fauſſes & confuſes des choſes, que nous croyons ſavoir plus parfaitement. La vérité eſt encore inconnuë, & tous les ſoins & les artifices des hommes, qui s'appliquent ſérieuſement à ſa recherche, n'ont pû encore nous la rendre ſenſible, quoi qu'ils ayent crû ſouvent l'avoir découverte.

Agnés. Mais comment conduire donc nôtre eſprit dans une ignorance ſi univerſelle?

Angelique. Il faut, mon enfant, pour ne point s'abuser, regarder les choses dès leur origine, les envisager dans leur simple nature, & en juger ensuite conformément à ce que nous y voyons. Il faut sur tout éviter de laisser prévenir sa raison & de la laisser obséder par les sentimens d'autrui qui ne peuvent être pour l'ordinaire que des opinions. Et il faut enfin se donner de garde de se laisser prendre par les yeux & par les oreilles, c'est-à-dire, par mille choses extérieures, dont on se sert souvent pour séduire nos sens, mais se conserver toûjours l'esprit libre & dégagé des sottes pensées & de niaises maximes, dont le vulgaire est infatué, qui, comme une bête, court indifféremment après tout ce qu'on lui présente, pourvû qu'il soit revêtu de quelque belle apparence.

Agnés. Je conçois bien tout ceci, & je croi même qu'on peut pousser encore ton raisonnement plus loin & y comprendre bien des choses que tu en exemptes. Il faut avouër qu'il y a un extrême plaisir à t'entendre, quand tu ne ſerois pas auſſi belle & auſſi jeune comme tu es, ton eſprit ſeul te rendroit aimable. Donne-moi un baiſer?

Angelique. De tout mon cœur, ma plus chere, je ſuis ravie de te plaire en quelque choſe, & d'avoir trouvé en toi tant de diſpoſition à recevoir les lumieres qui te manquoient. Quand on a l'eſprit développé des ténébres, & débaraſſé de toutes ſortes d'inquiétude, il n'y a point de moment dans nôtre vie que nous ne goûtions quelques plaiſirs, & que nous ne puiſſions même des peines & des ſcrupules des autres, faire un ſujet de recréation. Mais laiſſons-là toute cette Morale, à laquelle je me ſuis inſenſiblement engagée. Baiſe-moi, ma mignonne, je t'aime plus que ma vie.

Agnés. Eh bien es-tu contente? tu ne ſonge pas qu'on peut nous appercevoir ici.

Angelique. Eh quel ſujet avons-nous de craindre, entrons dans ce Berceau, nous n'y pourrons être vuës de perſonne. Mais je ne ſuis pas encore ſatisfaite, tes baiſers n'ont rien que de commun, donne m'en un à la Florentine?

Agnés. Je crois que tu es folle? est-ce que tout le monde ne baise pas de la même maniére? Que veux-tu dire par ton *baiser à la Florentine?*

Angelique. Approche-toi de moi, je vais te l'apprendre.

Agnés. Oh Dieu! tu me mets toute en feu; ah que cette badinerie est lascive! retire-toi donc: ah comme tu me tiens embrassée, tu me dévore.

Angelique. Il faut bien que je me paye des leçons que je te donne. Voilà de la façon que les personnes, qui s'aiment véritablement se baisent, en lançant amoureusement la langue entre les levres de l'objet qu'on chérit; pour moi je trouve, qu'il n'y a rien de plus doux & de plus délicieux, quand on s'en aquitte comme il faut, & jamais je ne le mets en usage que je ne sois ravie en extase, & que je ne ressente par tout mon corps un chatoüillement extraordinaire, & un certain je ne sai quoi, que je ne te puis exprimer qu'en te disant, que c'est un plaiſir, qui ſe répand univerſellement dans toutes les plus ſecrettes parties de moi-même, qui pénétre le plus profond de mon cœur, & que j'ai droit de le nommer *un abrégé de la ſouveraine volupté.* Eh toi tu ne dis rien ! quel ſentiment t'a-t-il cauſé.

Agnés. Ne te l'ai-je pas aſſez fait connoître, quand je t'ai dit, que tu me mettois toute en feu ; mais d'où vient, que tü appelles ces ſortes de careſſes *un Baiſer à la Florentine* ?

Angelique. C'eſt parce qu'entre les Italiennes, les Dames de Florence paſſent pour être les plus amoureuſes, & pour pratiquer ce Baiſer de la maniére, que tu l'as reçû de moi. Elles y trouvent un plaiſir ſingulier, & diſent, qu'elles le font à l'imitation de la colombe, qui eſt un oiſeau innocent, & qu'elles y rencontrent je ne ſai quoi de laſcif & de piquant, qu'elles n'éprouvent point & ne goûtent pas dans les autres. Je m'étonne, comment l'Abbé & le Feüillant ne t'apprirent point cela pendant ma retraite ? car ils ont fait l'un & l'autre le voyage d'Italie, & apparemment s'y ſont rendus ſavans dans toutes les pratiques les plus ſecrettes de l'Amour, qui ſont particulieres à ceux du Païs.

Agnés. Vraiment j'avois bien l'eſprit autre part, qu'à ces ſimples badineries, lors qu'ils me vinrent voir, pour m'en ſouvenir à préſent. Je ſai bien qu'il n'y eut point de careſſes ni de ſottiſes, dont leur fureur ne s'aviſât; mais quoi, le plaiſir, que j'y prenois, étoit ſi grand, & le raviſſement que ces tranſports me cauſoient ſi exceſſif, qu'il ne me reſtoit pas aſſez de liberté de jugement pour y réfléchir.

Angelique. Il eſt vrai, que les doux momens, où l'on goûte cette volupté nous occupent tellement, que nous ne ſommes pas capables de nous diſtraire par aucune application, de nôtre mémoire, ni de faire un *Agenda* ſur le champ, de tout ce qui ſe paſſe au dedans de nous-mêmes. Je ne doute pas néanmoins, que l'Abbé ou le Feüillant n'ayent pouſſé leur galanterie juſques-là; car outre que tu as une bouche divine, ils ſont parfaitement inſtruits de toutes les maniéres les plus douces & les plus engageantes de ceux qui ſavent paſſionnément aimer.

Agnés. Hélas ! pour des perſonnes conſacrées aux autels, & dévoüées à la continence, ils n'en ſavent que trop.

Angelique. Vrayement tu fais bien ici la plaiſante, & ceux qui ne te connoîtroient pas, croiroient que tu parles ſérieuſement. Mais veux-tu que je te diſe ma penſée ? Je crois qu'ils n'en ſauroient trop ſavoir, mais qu'ils en pourroient moins pratiquer. Car il eſt certain qu'ayant la direction des ames ils doivent avoir une parfaite connoiſſance tant du bien, que du mal, pour en faire un juſte diſcernement, & pour nous exhorter avec force à la pourſuite & à l'amour de l'un, & nous prêcher avec un même zèle la fuite & la haine de l'autre. Mais ils ne font rien moins que cela, & les mauvais livres, dont ils puiſent leur lumiere, corrompent auſſi-tôt leur volonté, qu'ils éclairent leur entendement.

Agnés. Je crois, que tu abuſes des termes, & que tu ne penſes pas que parmi les Savans il n'y a point de livre, qui de ſa nature porte le titre de défendu, & que le ſeul uſage que nous en faiſons lui donne la qualité de bon, de mauvais, ou d'indifférent.

Angelique. Ah Dieu ! je croi que tu rêves de parler de la ſorte, & tu dois convenir avec moi, qu'il y a de certains livres, dont toutes les parties ne valent rien, & dont les inſtructions ſont eſſentiellement oppoſées à la bonne Morale, & à la pratique de la vertu. Que peux-tu dire de *l'Ecole des Filles*, de cette infame *Philoſophie*, & *de l'Examen de la Religion de St. Ev....* qui n'ont rien que de fade & d'inſipide, & dont les ſots raiſonnemens ne peuvent perſuader que les ames baſſes & vulgaires, ni toucher que celles, qui ſont à demi corrompuës, ou qui d'elles-mêmes ſe laiſſent aller à toutes ſortes de foibleſſes ?

Agnés.

Agnés. J'avouë que ces livres-là peuvent être mis au rang des choses inutiles, & même de celles, qui sont défenduës ; je voudrois pouvoir racheter le tems, que j'ai employé à en faire la lecture, il n'y a rien qui m'ait plû, & que je ne condamne. L'Abbé, qui me les fit voir m'en donna un autre, qui est presque sur la même matiere, mais qui la traite, & la manie avec bien plus d'adresse & de spiritualité.

Angelique. Je sai de quel livre tu veux parler, il ne vaut pas mieux pour les mœurs que le précédent, & quoique la pureté de son style, & son éloquence aisée, ayent quelque chose d'agréable, cela n'empêche pas qu'il ne soit infiniment dangereux. Puis que le feu & le brillant, qui y éclatent en beaucoup d'endroits, ne peuvent servir qu'à faire couler avec plus de douceur le venin, dont il est rempli, & l'insinuer insensiblement dans les cœurs, qui sont un peu susceptibles, il a pour titre : *L'Académie des Dames*, ou *les sept Entretiens Satiriques d'Aloisia*.

Je l'ai eu plus de huit jours entre les mains, & celui de qui je le reçûs m'en expliqua les traits les plus difficiles, & me donna une intelligence parfaite de tout ce qu'il y a de misterieux. Sur tout il m'en interprêta ces paroles, qui sont dans le septiéme Entretien *Amori, verx luz*, & me découvrit le sens anagrammatique qu'elles cachent sous la simple apparence de l'inscription d'une Médaille. Je croi, que c'est de ce livre, dont tu as eu dessein de me parler.

Agnés. Assurément. Ah Dieu, qu'il est ingénieux à inventer de nouveaux plaisirs à une ame saoule & dégoûtée! de quelles pointes & de quels aiguillons ne se sert-il pas pour réveiller la convoitise la plus endormie, la plus languissante, & celle-même, qui n'en peut plus que d'appetits extravagans! que d'objets étrangers! & que de viandes inconnuës il présente! Mais je vois bien, que je n'y suis pas encore si savante que toi.

Angelique. Hélas, mon enfant, la science, que tu ambitionne, ne pourroit que t'être préjudiciable. Il faut que les plaiſirs, que nous nous propoſons, ſoient bornez par *les Loix*, par *la Nature*, & par *la Prudence*, & toutes les maximes, dont ce livre pourroit t'inſtruire, s'éloignent preſque également de ces trois choſes. Crois moi, toutes les extrêmitez ſont dangereuſes, & il eſt un certain milieu, que nous ne pouvons quitter, ſans tomber dans le précipice. *Aimons*, il n'eſt pas défendu, *cherchons la volupté* tant qu'elle eſt légitime, mais évitons ce qui ne peut être inſpiré que par la débauche, & ne nous laiſſons point ſéduire par les perſuaſions d'une éloquence, qui ne nous flate que pour nous perdre, & qui ne s'exprime bien que pour nous porter plus facilement au mal.

Agnès. Oh la belle Morale! & que tu ſais bien dorer la pillule, quand il te plait! ce n'eſt pas que je ne me rende à tes raiſons, & que je ne blâme toutes les choſes, que tu condamnes; mais je ne puis m'empêcher de rire, quand je te vois prêcher la réforme avec tant de feu, & que je t'entens parler à des ſourds & à des aveugles, tels que ſont nos ſens, qui ne veulent recevoir de régles que celles qu'ils ſe propoſent eux-mêmes.

Angelique. Il eſt vrai, & je l'avouë que c'eſt mal employer le tems, c'eſt-à-dire inutilement, que de travailler à reprimer le vice, & à élever la vertu, dans la corruption du ſiècle, où nous ſommes. La maladie eſt trop grande & la contagion trop univerſelle, pour y apporter du remede par de ſimples paroles, & pour qu'elle puiſſe être guerie par un appareil, qui ne peut agir que ſur l'eſprit. Ce n'eſt aucunement là mon deſſein, mais j'ai ſeulement été bien-aiſe de te faire connoître, que je n'approuve point le libertinage de ceux qui ne goûtent jamais de parfaits plaiſirs, s'ils ne les vont chercher dans les leçons d'une imagination corrompuë, au-delà des bornes les plus inviolables de la nature, & juſques dans la licence la plus diſſoluë des fables paſſées.

Je ne ſuis point ennemie des délices, ni attachée à cette vertu incommode, dont nôtre ſiècle n'eſt pas capable; & je ſai que l'ame la plus noble ne peut être maîtreſſe de ſes paſſions ni purgée des autres infirmitez humaines, tant qu'elle ſera attachée à nôtre corps.

Agnés. Ah ce retour me plaît, & cette indulgence raiſonnable peut être reçûe. Car quel mal peut-on trouver dans la volupté, quand elle eſt bien réglée? Il faut bien de néceſſité donner quelque choſe au tempéramment du corps, & compâtir à la foibleſſe de nos eſprits, puis que nous les recevons tels que la nature nous les baillent, & qu'il ne dépend pas de nous d'en faire le choix. Nous ne ſommes pas reſponſables des fantaiſies, du penchant, & des inclinations, qu'elle nous donne, ſi ce ſont des fautes, c'eſt-elle, qui en eſt coupable, & qui en doit être blâmée. Et on ne peut reprocher aux hommes les vices, qui naiſſent avec eux, ou qui ne procédent que de leur naiſſance.

Angelique. Tu as raison, ma Mignonne, & je ne puis t'exprimer la joye que je ressens, lors que tes paroles me font voir le progrès, que tu as fait par mes instructions. Mais ne nous fatiguons pas davantage l'esprit par la recherche des crimes d'autrui, supportons ce que nous ne saurions reformer, & ne touchons point à des maux, qui découvriroient sans doute l'impuissance de nos remedes. Vivons pour nous-mêmes, & sans nous faire malades des infirmitez étrangeres; établissons dans nôtre intérieur cette paix & cette tranquillité spirituelle, qui est le principe de la joye, & le commencement du bonheur, que nous pouvons raisonnablement desirer.

Agnés. Pour moi je suis déjà dans cette paisible joüissance du repos, & de la quiétude d'esprit; ou je puis dire, que je n'ai pû arriver que par ton moyen. Ce sont des obligations que je ne pourrai jamais assez reconnoître comme je le soûhaiterois, car il faut que pour toutes ces peines que tu as prises à me tirer de l'erreur, où j'étois, tu te contente de l'amitié, que je t'ai jurée, & qu'elle te tienne lieu de toute autre recompense.

Angelique. Hélas, mon enfant, que pourois-tu m'offrir qui me plût davantage? je préfere tes caresses à tous les trésors du monde, un seul de tes baisers me charme, & me comble de biens. Mais voici quelqu'un qui vient; séparons-nous, afin de leur ôter le soupçon qu'ils pourroient avoir de nos entretiens. Baise-moi, ma chere enfanr.

Agnés. Je le veux, & *à la Florentine.*

Angelique. Ah tu me ravis! tu me transportes! je n'en puis plus! tu me causes mille plaisirs.

Agnés. En voici assez pour le présent. Adieu *Angelique.* C'est sœur Cornélie qui s'approche.

Angelique. Je la vois. C'est sans doute pour me donner quelque ordre de la part de Madame. Adieu *Agnés.* Adieu, mon Cœur, mes Délices, mon Amour.

JOUIS-

JOUISSANCE.

Mon mat presque abbatû du coup de la tempête,
Baisse languissamment sa rubiconde tête.
Tandis que ma paillarde au sein de la langueur,
Goute d'un calme heureux, la tranquille douceur.
C'en est fait, foutû gueux, tu triomphes, dit-elle ;
Tu triomphes à l'instant, que mon honneur chancelle.
Je le sens, tu le vois, je resiste en vain,
Où la Couille paroît, la vertu va grand train.
A ces mots dans l'ardeur du transport qui m'enchante,
Je donne cent baisers à sa bouche brulante,
Et pressant tendrement sa langue entre mes dents
Je m'enyvre à longs traits du plaisir de mes sens.
D'un charme plain d'appas, la séduisante atteinte,
Dans mon cœur enflammé, se forme sans contrainte,
Et je puis promener & mes mains & mes yeux,
Sur son corps, où l'amour folatre avec les jeux.
Climène cependant par un soin charitable,
Flatte legèrement mon Engin effroyable :
L'approche avec un doigt, qui l'enfle sous sa peau
Du brazier où l'amour allume son flambeau.
Alors plein d'un beau feu, je prens au corps la belle.
La jette sur un Lit, & me jette sur Elle.
Mes efforts triomphans découvrent à mes yeux

Le

Le ſéjour enchanté du plus puiſſant des Dieux.
En cet inſtant heureux dans l'antre de Cyprine,
Je darde avec fureur ma turbulente pine.
Tout craque, tout s'étend, mon vit pour s'ébaudir,
Bourre ce con battu, qui craint de s'entr'ouvrir.
De ce choc foudroïant la Veſtale éperduë,
S'écrie tout en feu, foutu chien, tu me tuë!
Arrête! dans tes bras tu me verras mourir:
Mais moi ſourd à la voix qui vouloit m'attendrir,
De mon membre nerveux ranimant le courage
Je le preſſe, l'excite & l'enflame de rage,
Et par un dernier bond, ce bougre furieux,
Se précipite entier dans l'antre ténébreux,
La belle en cet inſtant, voit la fin de ſes peines:
Les plaiſirs renaiſſans ſe gliſſent dans ſes veines.
Ses ſens ſont obſedés d'une tendre langueur,
Déja mille ſoupirs s'exhalent de ſon cœur,
Déjà ſes yeux éteints ſe couvrent de nuages,
Ses ſons entrecoupés s'arrêtent au paſſage.
Ce doux raviſſement qu'enfante le plaiſir
Ne paroît l'animer que de brulans déſirs:
Et pouſſant au travers d'une joye naiſſante,
Les reſtes ſoupirans d'une vertu mourante,
Du foutre, me dit-elle, ah! ah! cher greluchon,
Précipite tes coups, enfonce tes coillons.
Arrête.... quel plaiſir chatouille l'orifice,
Inonde ſi tu peux ma brulante matrice
Ah! quelle volupté s'empare de mon cœur....
Je décharge ... je fout .... décharge donc ... je meurs ...
A ces mots inſpirés d'une amoureuſe rage,
Les traits d'un doux trépas ſont peints ſur ſon viſage.

Je la vois ſuccomber, & j'admire interdit,
L'effort prodigieux de la force d'un vit.
Cependant de mon vit je branle la machine,
Je bande avec effort les reſſorts de ma pine.
Mille élans redoublés font gemir le chalit,
Où le foutre du Con roidement s'ébaudit,
La belle de retour du païs de fouraiſe,
Se ſentant harceler d'un vit chaud comme braize.
Bougraille en vrai Lutin, & mille Sacredieux
Compoſent de ſa voix les ſons harmonieux.
Elle empoigne à deux mains mes feſſes bondiſſantes.
Puis preſſe entre ſes doigts mes couilles palpitantes.
L'on diroit à la voir agiter le croupion,
Qu'elle veut m'engloutir tout vivant dans ſon con.
Le foutre en cet inſtant au haut de mon échine
Ramaſſe ſans efforts ſa mouſſante ravine :
Je le ſens voiturer ſes grumeleux bouillons
Et prendre ſon Logis au fond de mes couillons.
A ce renfort charmant j'anime mon audace,
Je barre en conquérant les déhors de la place,
Climène, cher Amour, m'écriai-je, il eſt tems,
Ranime ton ardeur, régle tes mouvemens :
Un déſir tout de feu s'empare de mon ame,
Mon cœur eſt abſorbé.... doux objet de ma flame!
Serre-moi dans tes bras .... je jure par les Cieux,
Que de tous les mortels je ſuis le plus heureux ....
Tu ne me réponds point .... attends ... quoi donc cruelle,
Tu veux me prévenir .... que cette gorge eſt belle ....

Que ne ſuis-je tout vit dans ton amoureux con....
Là je foutrois mille ans à triple carillon .....
Donne-moi pour garant de ton amour extrême
De ces baiſers de choix .... Ah! volupté ſuprême....
Ah! foutre pourſuis donc .... que je ſens de douceur ....
Je n'en puis plus .... je cède .... mes délices .... mon cœur ....
Uniſſons nos plaiſirs .... la force m'abandonne ....
Le jour s'évanouit & la nuit m'environne ...
Pouſſe, achève .... grands Dieux .... quel raviſſant retour ....
Qu'attens-tu je décharge .... ah! ..... j'expire d'amour.

FIN.

L'ACADÉMIE
DES DAMES

La foutromanie.

www.ingramcontent.com/pod-product-compliance
Lightning Source LLC
LaVergne TN
LVHW012002220826
846092LV00001B/225

9782329795508